AWAKENING OF
LOVE

爱的觉醒

吴易聪

著

漓江出版社

·桂林·

图书在版编目（CIP）数据

爱的觉醒 / 吴易聪著. -- 桂林：漓江出版社，
2025. 2. -- ISBN 978-7-5801-0047-4

Ⅰ. C913.14-49

中国国家版本馆CIP数据核字第2024E6L001号

爱的觉醒

AI DE JUEXING

作　　者：吴易聪

出 版 人：梁　志
策划编辑：杨　静　　　　责任编辑：杨　静
封面设计：众己·设计　　　版式设计：茹一工作室
责任监印：黄菲菲

出版发行：漓江出版社有限公司
社　　址：广西桂林市南环路22号
邮　　编：541002
发行电话：010-85891290　　　0773-2582200
邮购热线：0773-2582200
网　　址：www.lijiangbooks.com
微信公众号：lijiangpress

印　　制：北京中科印刷有限公司
开　　本：880 mm×1230 mm　　1 / 32
印　　张：11.5
字　　数：215千字
版　　次：2025年2月第1版
印　　次：2025年2月第1次印刷
书　　号：ISBN 978-7-5801-0047-4
定　　价：78.00元

自序

直到 35 岁，我才意识到其实自己并不懂得爱，于是开启了一次爱的觉醒之旅，也就有了《爱的觉醒》这部作品。这次旅程彻底改变了我的生命，希望透过这本书，你的生命也会因为一次爱的觉醒，而去往一个完全不同的境界。

2017 年 1 月 28 日是这次旅程开始的日子。那是大年初一的早上，我在开车去往汕头的路途中发生了一次神奇的内在对话。一个内在声音问了我一个迄今为止对我来说重要的生命问题。它问道：

易聪，你很小的时候得知人会死这个事实后，你就开始了一场逃亡。因为恐惧死亡和分离，你刻意远离你的父母，不敢去深入地爱任何人，也不敢让任何人深入地爱你。因为对死亡和分离感到绝望，你一边努力工作和创造，一边又觉得所有的这一切到头来全无意义。看起来，死亡对你产生了如此决定性的影响，那么你弄明白死亡到底是怎么回事了吗？

那一刻，我被这个问题完全问清醒了。是啊，死亡的概念进入我年幼的心智世界以来，我只是在想方设法逃避它，却从未想过去探索它，真正地超越它。我恐惧地逃避它，也回避一切深入的关系。因为对分离的恐惧和疼痛，让我不敢去爱任何人；我也无意识地被它操控着，不断不断地做出伤害自己、伤害他人的破坏性行为，似乎主动的毁灭要比深不可测的未知更具可控性和安全感。

痛定思痛，我做了一件此生最爱自己的事情，那就是开始探索死亡的奥秘，并从对死亡的恐惧和绝望中慢慢解脱出来，投入全然地去爱的生命状态中。借用本书的主旨"爱的觉醒"来说，如果没有对自身最深的恐惧的觉察和超越，可能至今我依然被困在矛盾型依恋风格——没人爱的时候焦虑、有人爱的时候回避的受苦状态中。

当然这只是我在"爱的觉醒"的旅途中的一个议题。只是因为它最为重要、最为深刻，给予我生命一个彻底的反转，甚至可以说是开启了我的第二次生命，也促成了我投身于爱的教育事业。

结合多年的自我生命经验和爱的教育经验，我发现了人类对于爱的五个普遍困境。一、我们是缺乏爱的。缺爱导致我们的存在感、安全感、归属感、自尊和自我价值水平偏低，导致我们要么过度依赖他人给我们爱，要么强势索取他人给我们爱。二、我们是恐惧爱的。在我们早期的生命阶段，发生在最亲密、最重要关系中的一些刺激性事件和创伤性事件，让我们对爱产生了恐惧，这种恐惧让我们不敢去爱。三、我们是怀疑爱的。刻骨的心灵伤痛或者受人际关系唯有价值交换观念的影响，让一些人不再相信这世上有真爱。四、我们是不会爱的。我们在爱的教育和培养亲密关系方面，实在是非常匮乏和受限。我们认为爱就应该如此，也只能如此。于是自以为是、固步自封地用狭隘的爱去爱一个广阔的人。五、我们是不能爱的。我们自身的生命状态和越来越卷的生活方式，让我们越来越不能真正地享受与伴侣的高品质相处。如果我们连爱自己的时间和精力都没有了，又如何去爱他人呢。

真正地去爱，从知道自己未曾真正地爱过开始。缺乏爱、恐惧爱、怀疑爱、不会爱和不能爱，是我在爱的觉醒的旅程中最重要的五个觉醒。正是深刻洞察到自己在亲密关系和生命发展中所面临问题的核心，我踏上了一条逆向成长的道路，在这五个方面，根据自身的议题，逐一地、真正地疗愈和成长自己，不断提升和拓展自己爱的能力。同时，我也渴望将这些宝贵的经验和智慧分享给那些同样在爱的觉醒之路上探索的人类同伴。

这本书既是疗愈过程的见证，也是一次真诚的分享。书中的很多案例来自我们学员的亲身经历，书中的很多智慧源于对真实案例的回应，一些工具和方法曾实在地帮助过我和很多人。试想：当我们不再缺乏爱，而是成为爱，我们的亲密关系和生命会怎样；当我们不再恐惧爱，而是拥抱爱，我们的亲密关系和生命会怎样；当我们不再怀疑爱，而是见证爱，我们的亲密关系和生命会怎样；当我们不再制约爱，而是拓展爱，我们的亲密关系和生命会怎样；当我们不再不能爱，而是尽情爱，我们的亲密关系和生命，乃至整个世界会怎样。

　　深深地为此刻正在读这本书的你献上祝福，祝福你此生经验和创造更高维度的爱，掌握接纳、理解、尊重、欣赏和支持这些爱的基本能力，用爱的方式对待自己和他人。这个世界，会因你的爱的觉醒和爱的成长而不同！

吴易聪

假性亲密关系 & 对爱的误解与伤害

Chapter2 对爱的误解与伤害

目录

Part

爱的真相

● 爱，从认知真正的爱而生发 / 118

爱的觉醒

3
Part

提升自爱力

创建高品质亲密关系

目录

爱是一份让自己、让对方乃至让整个世界都变得更好的意愿和行动。

Part 1

假性亲密关系
& 对爱的误解与伤害

爱，从承认不会爱开始

人类的亲密关系正经历着前所未有的危机：很多人的恋爱和婚姻非但没能满足他们的心灵需求，促进彼此的生命发展，反而给双方带来不小的身心伤害，导致原生家庭的创伤越来越普遍，压抑的婚姻和婚姻破裂比例攀升，还有不敢或根本不想谈恋爱的普遍性情感退化。

人与人之间渐渐关闭了心门，不断减少对情感生活的投入。即使进入了恋爱甚至婚姻，头顶着男女朋友、伴侣爱人的身份，两个人也未能建立真正的亲密关系、成为彼此生命中最重要的朋友，而更像是为了生活各自为战，成为看似熟悉实则陌生和疏离的同居室友。

这里折射出两个底层的爱的问题：一个是由我们对爱的表浅认知、有限经验和过往的心灵伤痛所创造的假性亲密关系，另一个是由我们对爱的错误认知、对他人的索取和控制以及自我保护所引发的对爱的误解与伤害。

比如，恋爱初期，非常多的伴侣会竭尽全力讨好对方——吃好吃的、看电影、逛街购物、去旅行等。这些行为确实能够带给彼此短暂的、外在的幸福体验，但因未能够建立深刻的、内在的情感联结，当这些幸福体验退去后，两个人的亲密关系或者生命联结依然处在一个相对表浅的层面。

再如，大部分人认为，爱我们的人就应该给我们安全感，我们也竭尽全力地用各种方式维持着这样一种被给予安全感的情感状态。但最多我们就像是被父母照顾得很好、情感上得到满足的孩子。一旦这种平衡被打破，我们又会陷入巨大的恐惧和焦虑中。所以，这是一种对爱的误解。"授人以鱼不如授人以渔"，帮助孩子或者伴侣拥有爱的能力，才能真正地让他们拥有对自己、对生活的安全感和信心。

在这一章中，首先我们从了解什么是假性亲密关系开始，去探索假性亲密关系的外因和内因，从中我们将清晰地发现我们爱的卡点，包括缺乏爱、恐惧爱、怀疑爱、不会爱和不能爱这五个方面。只有清楚问题出在哪里，才能找到解决问题的方法。

其次，我们要重新审视我们集体对于爱普遍存在的一些错误信念和偏差行为。比如，到底是不以结婚为目的的恋爱是要

流氓，还是不以恋爱为目的的结婚才是耍流氓？爱是将一个人据为己有吗？等等。

总之，爱，从承认我们不会爱开始。只有当我们直面假性亲密关系的现状，远离和停止因为对爱的各种误解而做出的破坏行为，关系才有恢复健康的可能，我们才能真正朝着爱的方向前进。

chapter 1

假性
亲密关系

1/

人类竟会创造假性亲密关系，以避免真实的亲密关系
——情感十问辨别你们情感的真伪

我常常会收到类似问题的咨询，比如：为什么身在一段亲密关系中，却依然感到深深的孤独？为什么在外人看来我们很幸福，但内心却感觉彼此貌合神离呢？为什么两个人无论多么努力地在一起，还是无法摆脱缺少某些东西的空虚？等等。这些通常是假性亲密关系的信号。

以下的十个问题，有助于辨别你和伴侣是否正处于假性亲密关系之中。

问题一：你与伴侣是否能理解彼此的真实感受、行动、想法或意图？

问题二：你与伴侣是否有很多可以一起谈论的话题？

问题三：你与伴侣是否能在对方面前真实地表达和呈现自己？

问题四：当你和伴侣彼此寻求安慰时，你们是否能给予对

方有效的安慰和支持？

问题五：当重大事件或挑战发生时，伴侣是不是你们第一个想告诉的人？

问题六：你与伴侣是否是一个团队，共同参与生活的经营？

问题七：你与伴侣是否彼此滋养和激发，帮助彼此成为更好的自己？

问题八：你与伴侣是否对亲密关系和家庭生活有着共同的认知和追求？

问题九：你与伴侣是否了解彼此最深的伤痛和恐惧，并愿意支持彼此超越这些伤痛和恐惧？

问题十：你与伴侣是否了解彼此最大的渴望和梦想，并愿意支持彼此实现这些渴望和梦想？

以上问题，如果你的答案中"否"占到六个及以上，大概率你们就属于假性亲密关系。

人类创造假性亲密关系，以避免真实的亲密关系。因为原生家庭、过往亲密关系和这段亲密关系中的伤痛和恐惧，两人共同创造了一个心理防御系统，以避免来自真正亲密关系的刺激和挑战。但是久而久之，这段关系会成为名存实亡的关系。

2/

早在恋爱初期便可预测
这段关系的未来

为什么关系一旦确定，对方就像变了一个人？其实在亲密关系中，这是大概率会发生的事件，而且早在恋爱初期便可预测这段关系的未来。

恋爱初期表现得越热烈，伴侣越可能是回避型依恋风格的人，当关系深入后，反而会变得冷淡和回避；而恋爱初期表现得越高冷，伴侣越可能是焦虑型依恋风格的人，当关系深入后，反而会变得投入和焦虑。

很多小伙伴在遭遇了这种情况后，大呼上当受骗，但其实这只是焦虑型依恋风格的人和回避型依恋风格的人的恋爱策略。

回避型依恋风格的伴侣因为长期缺爱，通常会在恋爱初期主动出击，然而一旦关系确定，内在对爱的恐惧又会让他开启防御模式，回到隔绝和逃避的情感常态；而焦虑型依恋风格的伴侣因为曾经被爱所伤，通常会在恋爱初期选择防守，然而一旦关系确定，内在的匮乏又会让他开启攻击模式，回到紧张和焦虑的情感常态；而兼具回避和焦虑的矛盾型依恋风格的伴侣则会进入一种反复拉扯的模式，对方走近自己时，会推开和回避，对方远离自己时，又拼命挽回，形成一种过又过不好、分又分不开的戏剧性情感模式。

　　总的来说，回避型依恋风格的伴侣外热内冷，焦虑型依恋风格的伴侣外冷内热，矛盾型依恋风格的伴侣忽冷忽热。因此，双方在意识到这些情感模式出现后，请停止相互指责和抱怨，勇敢面对各自在情感发展过程中的伤痛和障碍，通过共同成长，开创一段在彼此生命中前所未有的关系。

3/

情感吸引力法则
——受伤的人更愿意和受伤的人在一起

有关大部分亲密关系的问题，如果只给出一个答案，我想引导大家看到其底层的情感吸引力法则——受伤的人吸引受伤的人，有爱的人吸引有爱的人。

无论是焦虑型依恋风格的人和回避型依恋风格的人之间的你追我逃，还是自恋型依恋风格的人和自卑型依恋风格的人之间的一个愿打一个愿挨，抑或是非常大比例的人类同伴因为对亲密关系充满困惑、悲观、怀疑和恐惧而无法真正地走进、享受和创造亲密关系，这些情感剧目中的主角，通常都是在情感世界中受过伤的人。

一位小伙伴曾经分享说自己也觉得特别奇怪，为什么对身边好好的人提不起兴趣，反而会被其他各种状态的人吸引。是的，这就是奇妙的情感吸引力法则。

受伤的人往往在一开始对有爱的人无感，甚至是排斥的，反而会和有着同样心灵创伤的人惺惺相惜、同频共振。随着关系的深入，他们就能顺理成章地回归到各自的受害者模式：不断不断地伤害自己、伤害对方，或者相互刺激对方做出伤害自己和破坏关系的行为，甚至在已经意识到彼此互相伤害的情况下，依然相互纠缠、不离不弃。

而当受伤的人真的和有爱的人走在一起了，受伤的人对未来的恐惧其实是基于过往伤痛经验做出的悲观预测，也会让他们不敢接受有爱的人的爱，因为失去对他们来说更加痛苦。所谓为了避免痛苦，他们宁愿没有拥有过。这样一来，他们又会无意识地在亲密关系中做出各种测试伴侣或破坏关系的行为，反而很难和有爱的人走下去。

4

焦虑型依恋风格的人容易误伤伴侣的五种情况

经常会遇到焦虑型依恋风格的小伙伴，如数家珍地列举回避型依恋风格的伴侣的种种"罪行"。但情况真的如他们所说的那样吗？这里列举了五种并不属于情感回避的情况，很多焦虑型依恋风格的小伙伴看完后，很可能会因为误伤了伴侣而内心五味杂陈。

第一种情况：为了满足我们的情绪价值，伴侣牺牲太多。能够让一个情感焦虑的人感觉安全和舒心，绝对不是一件容易的事。在这个过程中，伴侣可能做出了巨大的牺牲。

第二种情况：需要处理个人受苦和疾病。我们真的了解伴侣的个人受苦或者疾病情况吗？我们又能否允许伴侣更好地自我照顾，而不是更多地要来爱我们呢？

第三种情况：太疲惫了，能量已经快要被耗尽。爱一个人是需要能量的，对于一些本身能量比较弱的小伙伴来说，他们需要时间和空间恢复自己的能量状态。

第四种情况：努力地维持生计或遭遇重大挑战。很多时候，伴侣为了不让我们担心或有压力，会默默承受压力或独自面对挑战。这时伴侣要花更多的精力和时间面对这些。

第五种情况：因突如其来的生活变故和压力而分心。要知道现代人的生活是高速且高压的，我们的伴侣也可能因为这些变化或压力而暂时无法关注和关心我们。

不要过度美化我们的伴侣，认为他就应该是全能的养育者；不要对情感的起伏过于敏感，随着彼此状态的变化，情感有高潮、有低潮很正常。伴侣也是人，他也会有困难，他也需要被关爱。至少不要在他遇到困难时，以"作"的表现，继续索取、要求或测试他有多爱我们。

5/

矛盾的亲密关系
创造矛盾型依恋风格

对于非常多的人类同伴来说，他们对亲密关系的体验真的是一言难尽。他们既可能在其中体验过最浓烈的爱，也可能体验过最深刻的痛。这种矛盾的经历和体验，以及对孤独和分离的恐惧，创造了既焦虑又回避的矛盾型依恋风格。

矛盾型依恋风格的人的典型特征就是缺乏稳定的连贯性，他们可能上一秒还热烈地爱着，下一秒就冰冷地走开了。而当伴侣也转身走开时，分离的恐惧又会推动他们全力挽回，形成循环往复的矛盾推拉。过又过不好，分又分不开。

以下是矛盾型依恋风格的人比较常见的十种矛盾的情感模式：

一、渴望亲密关系，又害怕亲密关系；

二、上一秒热情似火，下一秒冷若冰霜；

三、想要坦诚地相处，又害怕暴露自己的脆弱；

四、想要幸福的亲密关系，又害怕被伤害；

五、有时信心满满，有时非常自卑；

六、情绪非常不稳定，忽高忽低；

七、容易陷入对方要么爱我、要么不爱我的极端认知之中；

八、在处理个人空间和与他人相处方面很纠结；

九、对批评和拒绝异常敏感；

十、推开爱自己的人，追求不爱自己的人。

这些矛盾的习惯和情感模式反映出了他们在过往亲密关系中的矛盾经验。但通过疗愈过往的伤痛，从焦虑和恐惧中脱敏，以及不断提升爱的认知和能力，他们将有机会从剧烈摆动的矛盾型依恋风格，逐渐成为稳定发展的安全型依恋风格。

一见钟情是真的吗？
一见钟情的七个真相

　　你是否经历过一见钟情，又是否会把一见钟情作为命中注定的姻缘或遇见灵魂伴侣的主要依据呢？一见钟情确实是情感生活中非常美妙的体验，也是人类心智中一个非常浪漫的想法。但其实，它远比我们感受到的更多元。下面是有关一见钟情的七个真相：

　　一、一见钟情是一种强烈的情感。这种强大的初始吸引力，确实有可能生发出一段关系。但请明白，再美好的开始，也依旧是一个开始，关系的发展有赖于参与双方的成长和贡献。一见钟情是无法保证一段关系持久幸福的。

　　二、一见钟情是一种有限的感知。它基于我们在特定生命状态下以及在特定时空中，对对方生命状态的感知。无论那种感知多么美好，请意识到它依然是非常有限的和特定的感知。

　　三、我们更有可能与美丽、英俊、健壮、成功的人一见钟情。如前所说，它是一种强烈的喜欢和迷恋的情感，也是一种强大的初始吸引力。

四、我们更有可能与跟我们有着相同心灵伤痛的人一见钟情。两个人内在相近的心灵创伤会让双方在无意识的状态下，产生惺惺相惜的巨大吸引力。

五、缺爱的男人和女人更容易产生一见钟情。爱是一种立体而多元的生命体验，包括被接纳、被理解、被尊重、被欣赏和被支持等。但由于过往生命中缺失这些体验，一些人更容易把此刻的强烈情感误认为是爱。

六、一见钟情通常不是互通的。我们自以为跟一个人一见钟情了，但这并不意味着对方对我们也有同样的感觉。很多时候，这种一见钟情更多是一厢情愿的"单相思"。

七、一见钟情并不等于爱。它的字面意思其实也说明了这一点，是一见钟"情"，而不是一见钟"爱"。它更多依然是我们对另一个人的情绪感受，而爱是一份我们让自己、让对方乃至让整个世界都变得更好的意愿和行动。

7

更多的一见钟情其实是同病相怜的
三个原因

一见钟情是非常多人所向往的恋爱体验，两个久违的灵魂或者天造地设的两个人终于相遇并在第一时间确认了眼神，"你就是我爱的人"。然而，如果我们有机会接触和深入了解一见钟情的案例，就会发现更多的一见钟情其实是两个有着情感创伤或情感缺失的人类同伴之间的同病相怜。

首先，对伴侣有主观的和完美的期待本身是一种情感创伤的表现。大家想想：我们有多大可能在"一见"中真正了解一个人；在某一特定的时空和场景下，以一个人的特定表现来概括一个人的全部是否明智。很多小伙伴在情感初期会在内心主观臆想出一个完美伴侣，然后又在现实的情感发展中让自己大失所望，以此印证"没有人真正爱自己"的内在信念。

其次，我们内在的情感创伤有着巨大的能量和吸引力。比如焦虑型依恋风格的人在恋爱初期特别容易被回避型依恋风格的人所吸引，回避型依恋风格的人同样也容易被焦虑型依恋的人所吸引，两种依恋风格的人通常有着相同的童年经历和情感创伤，非常容易产生"对方懂我、对方理解我"的情感共鸣。然而，一旦真正进入亲密关系，又会因为各自的恐惧和无意识行为而伤害对方、保护自己。

最后，热烈而急切的开始也是彼此内在缺爱的反映。对于身心发展程度较高、并不缺爱的人来说，他们会更有耐心深入地和全面了解一个人，会先和这个人成为好朋友，之后才会是好爱人。但一些人因为长期缺爱，内心充满孤独和恐惧，一段感情、一个机会便特别容易成为他们的救命稻草，会马上奋不顾身地一头扎入。这样不仅没有把自己拉上岸，反而又成为在水中挣扎的那个人。

你是否有过一见钟情的恋爱体验呢？那段恋爱在发展过程中发生了什么，最后的结果又如何呢？

大多数人其实恐惧爱

关于爱最大的诅咒，大概就是每个人都如此渴望爱，而大多数人其实是恐惧爱的。伴侣在建立亲密关系的过程中所遭遇的困难和挑战，大部分来源于我们对爱的五种恐惧——

第一种恐惧：爱会激发过去的伤痛。遭遇过童年创伤或在过往亲密关系中受过伤的人，随着关系的深入，会明显地感受到莫名的焦虑、恐惧以及各种复杂的情绪。

第二种恐惧：爱会让我们感到自卑。很多小伙伴无论外在条件多么优秀，内在其实还是自卑的。随着关系的深入，这种自卑的内在感受会激发我们讨好伴侣或推开伴侣。

第三种恐惧：爱会带来新的挑战。是的，爱会带来新的伤痛和挑战，但这正是成长的一部分。然而很多人在全力避免伤痛和挑战，也遗憾地拒绝了爱与成长的机会。

第四种恐惧：爱会让我们面对真实。亲密关系中的伴侣其实相当于彼此的一面镜子，这面镜子会照见内在深处最真实的自己。但是当我们无法接纳真实的自己时，我们会尽力避免照镜子。

　　第五种恐惧：爱会让我们失去自己。占有、控制、依赖、吞没等不是爱，却被伪装成爱，掺杂进非常多的亲密关系里，致使我们不想或者不敢再和另一个人类同伴建立亲密关系。

　　其实这五种对爱的恐惧，恰恰是可以帮助我们成长的。疗愈过去的伤痛，修复自我价值感，不断地拓展和成长自己，全然地接纳和爱自己，最终活出光芒万丈的自己。

03 »
爱会带来新的挑战

04 »
爱会让我们面对真实

02 »
爱会让我们感到自卑

05 »
爱会让我们失去自己

01 »
爱会激发过去的伤痛

爱的
五种恐惧

9/

人们大多用头脑而非用心去爱

对于爱，头脑和心有着两种截然不同的运作模式。人们大多用头脑而非用心去爱，致使我们对爱的总体感受遭到极大破坏。

头脑的运作主要基于恐惧与不安、苛求与挑剔、算计与交易、控制与占有、需求与欲望。去感受一下，我们所经历的大部分的爱，其实都是被这些元素支配的。没有伴侣的时候，我们焦虑；有了伴侣也焦虑，还会不断怀疑和测试伴侣是否爱我们。我们尽可能地想要找到一个完美的伴侣。我们在一段感情中不断计算付出了多少、收获了多少。我们竭力地想要控制甚至占有另一个人。我们不断不断地向伴侣提出我们的需求，或者期望伴侣满足我们的欲望。头脑会不惜一切代价，帮助我们在亲密关系中以爱之名满足自己、生存下来，并获得对我们来说最大的利益。但又因为头脑本身活在恐惧、焦虑、不安和欲望中，即使暂时得到了这些，我们依然无法全然安心，会继续在不安中极力抓取更多，占有更多。

而心的运作主要基于勇气、明智、同理心、慈悲、宽容、接纳、理解、尊重、欣赏、支持和一份深深希望自己和对方都好的意愿。当一段亲密关系由这些元素主导，我们和伴侣才能实实在在地感受到爱。我们会鼓起勇气超越各自的和共同的挑战，会明智地发现问题并解决问题。我们的同理心能够帮助彼此换位思考。我们的慈悲与宽容会在另一半最无助的时候给予其爱与希望。此外，我们还有接纳、理解、尊重、欣赏与支持这五项能够极大赋能自己和伴侣爱的能力。在由心主导的关系中，伴侣之间才有可能感受到那份真切的爱，并获得内在最大的安慰与满足；在重拾内在的力量后，开始生命发展的旅程。

直到有一天，当我们觉醒了，头脑能够意识到，以它自以为是的方法，很难真正与人相爱，于是我们转向由心主导的生活和亲密关系。只有用心去爱，我们才有可能创造含爱量更高的亲密关系。

10

越是缺爱的人，越会把爱推开？

越是缺爱的人，越会把爱推开？是的，因为在心灵底层、潜意识深处，缺爱的人根本不相信自己是一个美好的存在，是值得被爱的，是可以幸福生活的。

我们多少人在没有爱的时候，极度渴望爱，然而一旦进入亲密关系，并随着关系的深入，甚至当伴侣对我们越来越好的时候，我们反而焦虑了起来——对伴侣爱的真实性的质疑，对伴侣更加依赖的恐惧，对幸福背后一定蕴藏着更大伤痛的信念，便会猛烈地向我们发起攻击，以至于我们开始变得敏感而脆弱，开始有意无意地破坏关系，把爱推开，把爱我们的人"赶走"。

无论是拼命地"作"，不断地试探和测试伴侣，还是各种无理取闹，肆意地攻击和恐吓伴侣；无论是情急之下脱口而出的分手和离婚，还是与其他人玩暧昧，回避和疏离伴侣，都是由于内在缺爱，害怕因爱得太深而受伤更深所采取的防御措施。很多小伙伴爱而不得，就是因为深陷这种既渴望爱又恐惧爱的无明轮回中。

这个无明轮回源于我们的成长过程中，最爱的人伤我们最深、关系越亲近带来的伤害越剧烈的生命经验，还有很多小伙伴意识到自己所接受的爱的背后有着巨大的代价，甚至是自己无法承受的代价。

只有带领自己完成对过往创伤经历的疗愈，转化自我否定的信念，并勇敢地通过学习和成长，重新获得与人类同伴建立友谊和亲密关系的能力，我们才能跳出不断追寻爱、又不断推开爱的情感拉扯，重获幸福的关系和生活。

越是缺爱的人，越难接收到爱

为什么越是缺爱的人，越是很难感知到爱，甚至不相信爱或者总体上很难接收到爱呢？其中有一个共鸣原则——你内在有什么，就会和外在的什么产生共鸣。如果我们的内在有爱，就能和外在的爱产生共鸣；如果我们的内在更多的是伤痛，就更容易和外在的刺激和伤害产生共鸣。

比如最近我遇到的一位小伙伴，她对她的伴侣和亲密关系有着诸多的不满。但是当我接触到她的伴侣，从另一个视角了解到他对她的关注和付出时，我发现他给她的爱远远超出她所不满的部分。为什么会有这样的认知和感知差异呢？原因在于这位小伙伴的内在是缺爱的，她的内在更多的是伤痛和恐惧，以至于她经常感知不到来自伴侣的爱，忽略伴侣的爱。于是伴侣的爱反而聚焦、强化和放大了她在亲密关系中的不满。

有的时候，伴侣或者父母也许真的已经全力以赴、精疲力尽地补偿我们、爱我们了。然而，如果我们无法从内在疗愈并转化伤痛，并用自爱的方式让内心重新充盈起来，那依然很难与爱产生共鸣，发现和接收更多的爱。

每个焦虑的女人内在
都住着三个受伤的小女孩

作为男同胞，如果我们不了解伴侣的童年，我们就很难知道如何爱她；如果我们不了解伴侣的伤痛，我们就很难知道如何爱她。

每个焦虑的女人内在都住着一个曾被忽视的小女孩。她们既可能因为性别弱势而无法在重男轻女的家庭中得到足够的尊重，也可能在父母不是特别幸福的情况下，被忽视、被挑剔、被指责。无论她们如何努力、如何讨好，都无法以满足父母的方式，与父母建立必要的情感联结。

每个焦虑的女人内在都住着一个曾被伤害的小女孩。她们既有可能在充满愤怒和暴力的家庭或社会环境中，成为被语言虐待或被身体虐待的受害者，甚至也有可能成为被性侵或被性虐待的受害者；在一个社会中，如果女性依然是从属地位的弱势群体，她们很难建立内在的安全感和价值感。

每个焦虑的女人内在都住着一个曾被遗弃的小女孩。很多女性遭遇过父母的遗弃，又或者被父母长期寄养在不同的家庭中。她们一方面期盼着能被父母接回家，却又无法如愿，一方面为了生存又要懂事听话，甚至卑躬屈膝地寄人篱下。我们无法想象她们有多么绝望和无助。

时至今日，即使在相对文明和富足的社会环境里，女性在成长和自我发展过程中依然可能遭遇超出我们想象的困难和挑战。下一次当我们的伴侣表现得焦虑和紧张时，希望我们可以不再否定和丢下她，而是可以看见她内在的那个曾被忽视、被伤害或被遗弃的小女孩，用看见、聆听、关注、陪伴、爱抚、尊重、鼓励、守信，去帮助和支持这个小女孩走出恐惧和悲伤，让她真正成为一个幸福的女人。同时，更需要女同胞能从内在觉醒、疗愈和成长，帮助自己内在的小女孩走出恐惧和悲伤，让自己真正成为一个幸福的女人。

13

如何让伴侣疯狂想你？
越是爱不释手，越难天长地久

　　一位小伙伴曾分享了一个名为"如何让男人疯狂想你"的视频，我问正在享受早餐的爱人：你享受我疯狂地想你吗？她用一个感到莫名其妙的表情回答了这个问题。

　　这种意愿通常来自两种人。一种人是极度缺乏安全感，希望通过与对方的紧密联结，来确认自己在这段关系中的安全性；另一种人则是过度自恋，希望通过对方对自己的疯狂想念和追求，来满足自我重要性的心理需求。无论发心是哪一种，其实都与爱和健康的亲密关系无关，而更像是一种情感套路或情感算计。

　　即使两个人确立了关系，互相成为彼此在这个世界上最亲密的人，依然需要明确：我们每个人首先是我们自己，是独立自主的人；每个人都需要在自我独处和与他人互动之间，找到一种个性化的平衡，这种平衡创造了一种有弹性的、自在的、放松的生活环境。一旦伴侣双方持续违背彼此的主观意愿，侵犯彼此的独立空间，侵蚀彼此的自我边界，爱便会逐渐演化为愤怒，吸引便会逐渐演化为排斥。

健康相爱的一个重要前提是：彼此可以真实地、充分地做自己。欺骗自己、压抑自己、牺牲自己，或者操控对方、占有对方、紧紧抓住对方，都会让这段关系像被抽干了水分的花朵一样快速凋零。

最后，请扪心自问一个最简单的问题：你是更愿意与一个给你自由的人在一起，还是更愿意与一个紧紧绑住你的人在一起呢？

14

伴侣总是不开心?
你可能遭遇了"情感碰瓷"

在情感生活中,一些人总是会闷闷不乐,好像对方做的任何事情都很难令他们满意。更重要的是,他们的委屈和痛苦会让对方感到非常紧张和内疚。我给这种现象取了一个有趣的名字——情感碰瓷。

情感碰瓷其实是亲密关系中一种非常隐形的操控行为。脆弱和敏感的"受害者"其实是情感碰瓷的实施者,他们特别擅长因为任何一点不合心意的互动或事情,小题大做地表现出异常委屈、隐忍和痛苦的状态。这种状态会瞬间让对方成为"肇事者",认为自己做错了什么,并因为自己对"受害者"造成的伤害而感到内疚。这时,"受害者"便有可能从"肇事者"那里获得更多的关注、关系中的高位或是各种形式的补偿。

在这种情况下,无论是脆弱和敏感的"受害者",还是紧张和内疚的"肇事者",都需要意识到这种互动方式是病态的,需要修正的。脆弱和敏感的"受害者"需要有意识地走出这种通过让对方内疚来操控对方的模式,否则会不断强化自己"受害者"的身份和信念，把真正爱自己的人都吓跑；而紧张和内疚的"肇事者"也需要有意识地设定个人边界，并勇敢地向伴侣指出问题，而不是一味地哄伴侣或补偿伴侣，否则将不断强化伴侣的这种操控模式，让自己陷入一种被情感操控的关系中。

让我们受苦的人通常是比我们更受苦的人

无论在亲密关系中，还是在原生家庭中，让我们受苦的人，通常并不是比我们更强大、比我们更幸福的人，而是比我们更受苦的人。

比如在亲密关系中，经常有人抱怨伴侣不心疼自己、不同情自己。如果对方只顾着心疼自己、同情自己就另当别论，其实更多时候，对方也不心疼自己，相比他曾经遭受的痛苦，你的痛苦根本就不算什么。就像一个感冒的人不该和一个身患癌症的人抱怨病痛是一样的道理。另外，曾经遭受过巨大痛苦的人，通常已经建立起了强大的情感隔离系统来保护自己，他连自己的情感都隔绝起来了，更何况是你的情感。这就是他无法同情你的原因。

再比如在原生家庭中，两代人之间巨大的意识差异和生命差异，也可能导致作为被养育的我们遭受伤害和痛苦。我们可以愤怒地谴责他们的所作所为，但如果我们走进他们的童年和其成长历程，会发现他们所遭受的生存挑战和心理痛苦可能比我们所遭受的大得多。他们也只能把他们所遭受的和耳濡目染的养育模式运用到对我们的教育中，而且相比他们曾经被对待的方式，他们对待我们的方式其实已经有所缓和了。

希望大家看到这一切后，对比我们更受苦的伴侣或父母生起一份慈悲。对他们的慈悲，也是对自己的善待。相比用尽一生与一个更受苦的人缠斗，不如现在开始用我们的生命活出更幸福的状态。这是对自己的爱，亦是对他们的救赎。

16

头脑强大的伴侣亦是情感隔离的 "小朋友"

如果伴侣的头脑非常强大、异常理性，总是喜欢说教、讲道理和评判，那么他非常有可能是情感隔离的 "小朋友"。

情感隔离的 "小朋友" 在亲密关系中的挑战还包括：难以对伴侣表现出同理心，难以分享情感或向伴侣敞开心扉，很难承诺一段关系或与伴侣是隔离的，通常与伴侣在沟通和保持联系上有障碍，情感上非常 "麻木"，无法识别情绪和拒绝情绪，也不知道如何处理自己和伴侣的情绪。

情感隔离的 "小朋友" 通常对情感和亲密关系有着深深的恐惧和障碍，而情感隔离可能是他们从小就已经学会运用且擅长的自我保护机制。因为害怕在情感和亲密关系中再次受伤，他们会无意识地以冷漠、疏远的方式对待自己的伴侣。

相比起去定义、评判和指责这些情感隔离的小伙伴，我更希望大家明白情感隔离的 "小朋友" 其实也是在缺爱的养育环境中长大的孩子。要么他们的养育者不善于或很少能够自然地表达爱，要么养育者本身的生存状态和亲密关系并不幸福；他

们的养育者更关注各种各样的标准而不是爱，或者曾经给孩子带来深深的伤害和持续的虐待。

情感隔离型伴侣并不是不需要爱，相反他们非常渴望爱。然而爱的无经验、自我的低价值感和情感隔离的自我保护机制，通常只会让他们越来越孤独、抑郁、焦虑，并且在亲密关系和身体健康上呈现出各种问题。

重新学习亲密关系和人际关系的相处技能，疗愈和清理过往累积的伤痛和情绪，在亲密关系中勇敢沟通和展现脆弱，都能够帮助情感隔离型伴侣走出这种基于恐惧的保护模式。祝福他们可以早日离苦得乐，收获爱与幸福。

17/

总想拿捏伴侣的人
——要么自卑，要么自恋

最近看到一个讲如何通过拿捏伴侣在亲密关系中占据高位的视频，获得了超高的点赞和转发，还有很多留言纷纷表示学到了。而事实上，这些总是想拿捏伴侣的人，要么自卑，要么自恋，而且也许他们真的不明白什么是爱。

自卑的人通常在原生家庭或过往的亲密关系中遭受过情感伤害，对亲密关系缺乏安全感，于是他们相信只有占据优势地位，掌控自己的伴侣，才能够在亲密关系中保护自己。

而自恋的人通常在原生家庭或过往的亲密关系中被溺爱或过度关注，形成了高人一等的优越感，于是他们相信自己就是高于伴侣的，伴侣就应该听他们的，爱他们，并倾其所有为他们付出。

对于任何一个自尊、自爱的人来说，对于任何一个想要在亲密关系中建立真正的爱——接纳、理解、尊重、欣赏和支持——的人来说，绝不会和总想以拿捏伴侣来保护自己或满足自己的人在一起。

任何妄想通过拿捏、操控或是其他套路与手段，而不是与伴侣共同成长、彼此贡献的人，不仅会极大地伤害伴侣，而且通常无法遇到心智成熟、拥有爱的能力的伴侣。即使他们如愿得到了想要的一切，也会绝望地发现，他们自己都不再相信这个世界上有真爱的存在了。

如果伴侣总是要求你证明对他的爱
——三个重要的风险提示

如果伴侣总是要求你证明对他的爱，这背后有三个非常重要的风险提示。

首先，这可能意味着伴侣本身是爱的怀疑论者，童年的创伤或过往亲密关系中的糟糕经历，让他对亲密关系、对爱和对人失去了安全感和信任。这可能已经成为一个根深蒂固的信念，伴随他进入接下来的亲密关系，并且会激发他不断向你提出要求来确认安全感。不要高估自己可以拯救他或带给他安全感的能力。大多数时候，你只能做到不触发他的不安全感。如果他无法从内在根本地疗愈和成长自己，不安的内核会一直存在并影响他的亲密关系。

其次，这可能意味着伴侣在利用你满足自己。比如：如果你为他做了什么，就是爱他；你为他付出了什么，就是爱他；你为他花了多少钱，就是爱他。要知道，这种关系根本就不是爱的关系，而是一种交易、一种巧取豪夺。他并不爱你，他只是利用你来满足他的需求或欲望。这些需求既有物质层面的，也有心灵层面的，比如利用你对他的付出，来补偿他的自卑或喂养他的自恋。

最后，这可能意味着伴侣并不具备爱的能力。具备爱的能力的伴侣在多数时间都处于一种自给自足的状态。在希望你为他做些什么的时候，他清楚地知道这是邀请，你可以根据自己的实际情况和意愿选择是否接受邀请；在重大的困难和挑战出现时，他会向你寻求帮助，但依然知道你们是一个团队，你们需要共同面对这个困难和挑战，而不是让你独自去承担一切。所以，他既不会总是要求，也不会要你证明对他的爱。

19/

认为都是伴侣问题的人，
其实才是问题更大的人

面对亲密关系中的各种问题和挑战时，那些不断指责和抱怨伴侣，认为都是伴侣问题的人，其实才是问题更大的人。这体现在四个方面：

首先，亲密关系是两个人共同创造的，亲密关系中的问题也是两个人共同创造的。即使伴侣是一个非常非常糟糕的人，以非常非常糟糕的方式对待你，你也应该想想为什么你会选择这个人或者允许这个人成为你的伴侣。无法理解这些根本逻辑和因果的人，其实还没有觉醒。

其次，认为都是伴侣问题的人，通常已经是受害者体质的人了。受害者体质是指特别容易把别人对自己所做的事理解为伤害，而他自己又无法主动地、勇敢地成长自己，改变现状，只会无助地却又乐此不疲地指责和抱怨别人伤害了自己的一种倾向。而这种倾向下的认知和行为又会加剧受害的感受。

再次，认为都是伴侣问题的人，通常是不愿意为自己负责，或者不知道如何爱自己的心灵未成熟的小孩。他还停留在需要被养育者养育，理所当然地认为别人应该满足他所有期待的阶段。一旦需求和期待没有被满足，他就开始用各种指责和抱怨威逼伴侣。

最后，认为都是伴侣问题的人，通常是内在自卑，需要用外在的自恋和自以为是来掩盖自卑的人。也可以说，越是喜欢争论对错，喜欢说教、评判、贬低别人的人，内在越是自卑、空虚，需要通过这些行为来补偿心灵缺失。但即使这样，他的内在依然自卑和无助。

务必远离这五种人，包括这样的自己

在人际关系中，特别是在亲密关系里，有五种人或者说是五种生存状态，堪称能量黑洞。他们会把周围的所有人都拉入低能量的生命状态。请务必远离这五种人，当然也包括这种生命状态下的自己。

第一种：杠精和戏精。杠精和戏精其实都没有真实生活在自己的世界里。杠精总是愿意把更多时间和精力用于回怼别人；而戏精更在乎别人怎么看自己，而不是自己真正活得怎么样。

第二种：疯狂输出者。这些单向疯狂输出的人无视你的感受，他们只关心自己。他们有着强迫症一般的输出需要，根本不需要你回应，而是把你作为一个出口。

第三种：控制狂。控制狂会事无巨细地要求你的一切行为和想法都要按照他们的想法来。他们宣称比你自己还了解你，不断对你说教，并痴迷于掌控你和你身边的一切。

第四种：受害者。受害者擅长扮演那些因遭遇不公而委屈、因被伤害而痛苦的角色。但是如果你帮助他们，你会发现相比起开始自助，他们更擅长持续创造受苦。

　　第五种：自恋者。自恋者不仅会持续利用他人满足自己的需求，还会通过打压别人来抬高自己，更会在无法得到他人回应时，成为一个暴怒的迫害者。

21

如果伴侣双方都是独生子女，就特别容易创造出五种戏剧性的亲密关系

如果伴侣双方都是独生子女，在未开启自我觉醒与成长前，就特别容易创造出以下五种充满戏剧性的亲密关系：

第一种：想要爱却不会爱。独生子女在其成长过程中，特别是在与养育者的相处中，更多处于接受爱而不是付出爱的状态。伴侣双方都是独生子女，意味着伴侣双方在进入亲密关系后，更容易习惯性地向对方索取爱，而不太懂得如何爱对方。

第二种：爱的忽视与吞没。在单一的养育环境下长大的独生子女，有可能在其成长过程中因被父母忽视而缺乏爱，或者因被父母过度关注而被爱吞没。伴侣双方都是这样的独生子女，进入亲密关系后，更容易出现一个焦虑抓取、一个冷漠回避的情况。

第三种：三观不合，"我是对的"。可以说每个独生子女都来自一个完全不同的星球，单一的养育环境和父母单一价值观的灌输，非常容易让他们认为只有自己的这一套是对的，其他的都是错的，都是应该被纠正的。伴侣双方都是独生子女，

就可能出现彼此无法理解、相互制约,相互认定三观不合的情况。

第四种:双方家庭的撕扯。因为未能在自己的原生家庭中完全独立,独生子女在心智上其实并不成熟,也没有形成人格上的独立。这样的伴侣双方虽然成年了,也到了适婚的年纪,但依然被父母当作提线木偶一样控制,从而无法自主地、独立地、彼此平等地建立亲密关系。

第五种:叛逆期的补偿。那些未能在原生家庭通过叛逆期来释放情绪、摆脱限制、探索自我的人,非常有可能在恋爱和婚姻中迎来第二个叛逆期。他们会对伴侣施加的控制、要求、说教和压力异常地敏感,进而制造出非常多的反抗,甚至为了活出自己彻底推翻这段关系。

22/

前期完美的伴侣后期反而更容易翻车的
三个真实原因

我时不时会听到一些在恋爱初期的小伙伴无比幸福地分享说自己遇到了多么完美的伴侣。一方面很为他们开心，另一方面又很为他们担心。因为前期完美的伴侣后期反而更容易翻车。

首先，焦虑型依恋风格的小伙伴，特别容易被前期表现得非常热烈且完美，但其实是回避型依恋风格的小伙伴所打动。因为长期缺爱也特别渴望爱，回避型依恋风格的小伙伴会竭尽全力在恋爱初期向对方展开爱情轰炸。然而一旦关系确立，他们的热情就会快速冷却，然后马上退回到情感回避的状态。

其次，完美的伴侣更多是一个人设，而无法反映一个人真实而多元的内在。一旦我们被这个单一的人设所蒙蔽，形成狭隘的、偏差的认知，认为这个人设就是这个真实的人的全部，我们将非常有可能在对方呈现真实和不同状态的时候，感到大失所望，或者大呼上当受骗。

最后，完美的伴侣通常意味着他可以无条件地满足我们所有的需求和期待，但这本身就是一个极大消耗生命能量的过程。如果我们本身就缺爱、缺乏安全感，有情感创伤或非常自恋，就会加剧消耗伴侣的能量。在极度消耗、高压、失去自我和牺牲自我的状态下，完美状态当然无法维持。

所以相比完美的伴侣，我更希望大家能够遇到不那么完美，却敢于真实做自己的伴侣；相比完美的伴侣，我更希望大家能够不断提升自爱的能力，成为可以真正和对方相爱的人。

23

"爱过头"比"根本不爱"更糟糕的 三个原因

在亲密关系中，"爱过头"其实比"根本不爱"更糟糕，而且更具有破坏性。"根本不爱"最不济是让人的预期破灭，而"爱过头"会让人心生愤怒、恐惧甚至恶意。以下是我们可能"爱过头"而对方回避的三个原因，第一个原因尤其值得注意。

原因一：对方是一个拥有爱的能力的人，但需要自己的边界。每个人都需要一个健康的、合理的自我边界，以维护内核的稳定。当对方拒绝或者回避我们的爱时，并不意味他不爱我们，或者我们爱得不够，那只是他在坚守自我边界而已。同时，每个人也都需要为自己的成长和发展预留空间，当对方拒绝或者回避我们的爱时，意味着我们剥夺了或者侵犯了他渴望独立和成长的意愿。这时我们的爱会变成一种溺爱或者一种吞没。即使是一个安全型依恋风格的人，也会因为这份干扰和侵犯而选择拒绝和回避。

原因二：对方可能是回避型依恋风格的人，爱得越多他越恐惧。回避型依恋风格的小伙伴通常被挚爱的人伤害过，那个人可能是他的父母或者过往亲密关系中的伴侣。我们越爱他，越会触发他的伤痛和恐惧。如果他未能意识到自己的伤痛需要疗愈，我们过多的爱对他来说就是持续的威胁和攻击。

原因三：对方可能根本不喜欢我们，更别提爱我们了。我们一厢情愿地认为持续的努力和付出可以赢得对方的爱，但这种爱其实是一种讨好，通常只会让自己陷入一段不平等的关系中。在这段不平等的关系中，我们非常容易遭受情感操控、情感虐待，甚至极端残暴的对待。

24

无论伴侣多么爱你，
也会因为这六个原因而感到绝望

在很多亲密关系中，会出现伴侣双方感受截然相反的情况：一方感觉很满足、很幸福，一切都很好；而另一方感觉很悲伤、很愤怒，甚至很绝望。

我把这种情况称为情感压迫。无论伴侣多么爱你，也会因为这六个原因而感到绝望。

第一个原因：在你的世界里，伴侣永远是排在其他人或其他事后面的人。

第二个原因：轻易放弃对伴侣的承诺，承诺的改进也从来没有兑现。

第三个原因：每次冲突，伴侣都要作为唯一的过错方，先道歉或者先哄你。

第四个原因：伴侣总是在关系中付出更多，却无法得到你的认可和尊重。

第五个原因：当伴侣表达他的意愿和需求时，未能得到你的重视和回应。

第六个原因：伴侣总是为了满足你，而牺牲他的意愿和需求。

不要等到伴侣绝望离场，才追悔莫及，也不要等到第三者介入，才惊愕愤怒。

停止自以为是的感觉良好，停止对伴侣的情感压迫和索取。从现在开始，用心去爱他、呵护他，并和他共同成长吧。

chapter 2

对爱的误解与伤害

1/

金钱无法代替陪伴，否则……

无论是伴侣关系，还是亲子关系，都存在金钱与陪伴的博弈。

很多人认为，他们已经把赚来的钱都给伴侣了，与伴侣的关系就应该没有问题；很多父母觉得，他们已经为孩子花了这么多钱，孩子就应该感激他们、理解他们，并且爱他们。然而，事情的发展并非如此。

最近我们对工作坊中的 50 位小伙伴做了一项有关心灵创伤的调查，结果显示：在个人的成长过程中，遭遇情感忽视或者说缺乏情感交流、沟通与陪伴的比例竟接近 100%。情感忽视给这些人在自我关系和亲密关系中带来了巨大的挑战。

大家比较熟悉的焦虑型依恋风格和回避型依恋风格的人，非常有可能是遭受长期的情感忽视所致。在长期缺爱的情况下，女性转而向自己的伴侣获取更多关注；而男性则通过压抑和回避情感来避免再次受到伤害：相当于一种创伤的两种表现。

普遍性的社交恐惧和社交障碍，也极有可能缘于成长过程中所遭遇的情感忽视。在被长期孤立和隔绝的情况下，他们失去了与其他人类同伴走进亲密关系的勇气和建立亲密关系的能力。正如我们遇到的一些小伙伴他们苦恼地说：连怎么谈恋爱都不知道了。

金钱对陪伴的补偿，也让孩子和伴侣通过不断追逐金钱和消费，来补偿自己情感世界的空虚和爱的缺失。在和很多孩子的交流中，孩子已经不再相信父母是爱他们的，或者偏执地认为，父母给他们钱，就是爱他们，不给就是不爱。很多年轻人的恋爱也成了金钱与欲望的交易。

金钱无法替代陪伴，否则人类会逐渐变成大脑极度发达，内心却极度焦虑和恐惧，心不断萎缩，直至失去爱的能力的物种。

避免冲突的伴侣反而更难走到最后

我们过度寻求关系中的幸福与和谐，极力避免关系中的冲突和矛盾，这本身就是一个问题。避免冲突的同时，伴侣之间爱和情感的表达也会被压抑，非常多的亲密关系因此而走向破裂。

想想，我们爱我们的父母吗？我们爱我们的伴侣吗？大部分情况下，是爱的。但因为我们缺乏处理情绪和正向冲突的能力，所以通常会竭尽全力地创造一种一切都很好、天下太平、没有任何问题的表面关系。而这种表面关系的代价是，我们越来越不能真实地表达想法和情感，越来越多的负面情绪被控制和压抑了。而当这些累积的负面情绪持续发酵，我们就越来越难以自然地、畅快地表达爱和想法了。而和谐的表面下，那份无力感和脆弱感又是无比真实的。

另外，避免冲突还意味着我们缺乏直面困难的勇气，缺乏沟通和解决问题的能力。冲突和矛盾是每一段关系中很自然的一部分，也是最能激发彼此拓展、成长和升级亲密关系的部分。不要避免冲突，当然不是鼓励肆意妄为地宣泄情绪和相互攻击，而恰恰是邀请两个人跳出相互逃避、相互切断、相互攻击或相互压抑的模式，去探索事件背后的真相和行为底层的原因。原因比对错更重要，对错只是在行为层面解决问题，而原因能够帮助两个人一起发现和解决真正的问题。避免冲突无法真正解决问题，而只是掩盖了问题。可以说，避免冲突已经成为大多数亲密关系的头号隐形杀手。

爱本身就是一次冒险！
过度追求安全感，我们将一无所获

大家有没有发现，越是强调安全感、越是在亲密关系中追求安全感的人，反而越容易满盘皆输。这背后有三个主要原因。

第一个原因：对安全感的过度追求会让我们停止成长。当我们遇到一个人，并爱上一个人，这本身就是一次冒险。我们有机会通过这次冒险，练就和积累一些新的能力，丰富生命体验。对安全感的过度追求，让我们拒绝冒险、拒绝成长，停在原地。

第二个原因：对安全感的过度追求会贬损自我价值。这种自我价值的贬损具体表现在：要么选择比自己糟糕的伴侣，要么在关系中讨好对方。要知道，无论是哪种情况，这种先天基因不良的亲密关系最终都很难持久，或者成为一场鸡肋般的拉扯。

第三个原因：对安全感的过度追求会把我们困在过去。我们的潜意识会选择与父母相似的伴侣，创造与父母相近的情感互动，当然，也特别容易重复我们在过往亲密关系中遭遇的伤痛和挑战。而且这种惯性，会随着一个人对安全感渴望的加深而变本加厉。

　　爱本身就是一次冒险、一次成长、一次突破。一味追求安全感而无法通过自我成长获得更多自信与内在安全感，最终将一无所获。

如果认为灵魂伴侣就是来爱我们的，
那就大错特错了

我们经常对灵魂伴侣有一个误解，觉得灵魂伴侣就应该像爱情童话中那个只属于我们的王子或公主一样，一眼认出我们，永远地爱我们，从此与我们幸福地生活下去，直到地老天荒。

能否被认定为彼此的灵魂伴侣，一个重要的判断依据是，两个人是否促进了彼此的心灵进化。这是灵魂伴侣对于彼此生命发展最大的使命与意义。而用无尽的照顾和关爱让我们停止心灵进化，甚至出现心灵退化的，绝非灵魂伴侣。

我们可以把灵魂伴侣看作我们生命发展中最大的助缘和推动者。他有可能给予我们无条件的爱，对我们进行正向赋能，让我们拥有价值感和自信以不断成长的人；他也有可能对我们进行负向刺激，让我们从逆境中生起巨大勇气以不断成长的人。

所以，过往那些深爱我们的人及给我们带来巨大挑战的人，都有可能是我们的灵魂伴侣，他们恰逢其时的出现，就是来推动我们的成长、心灵进化和生命发展的。

有一天，无论我们是因为被爱激发，还是超越伤痛以升级

为一个更高版本的自己，我们都会认出我们的灵魂伴侣，并感
恩他们的出现。

"你会一直这样爱我吗？"

"你会一直这样爱我吗？"

"大概率是不会的。"

虽然得到一个肯定的回答是无数人梦寐以求的，但有三种无比真实的情况，让我们清晰地看到在恋爱中"一直这样爱你"，会发生什么。

第一种情况：伴侣会耗尽爱的能量。爱一个人是需要付出能量的，而以一种完全满足一个人的方式去爱他，更是耗能巨大。恋爱初期，在对你和这段关系抱有最大诚意和最高能量的时候，伴侣也许可以用这样的方式来满足你或者追求你。然而当伴侣缺乏持续自爱的能力或双方无法创造更多爱时，初始的甜蜜和无条件满足是无以为继的。

第二种情况：有高潮，自然就会有低谷。要求一个人一直这样爱你，就像要求一天中只有白天、没有黑夜，要求一朵花只能盛开、不能凋零一样，本身就不符合自然规律。执着于情感高潮，而无法接纳情感低谷，这段关系会进入一种非自然的病态。有的时候，你需要接纳伴侣没有那么爱你。因为他也是人，他也有能量低，需要休息或者专注于其他生命事件的时候。

第三种情况：爱是随着生命发展而升级的。人类的心智本身就存在着多样性和成长的需求。即使伴侣彻底地完全地满足了你，你过上了一眼可以望到头的、停滞不前的幸福生活，你也可能会亲手推翻这种生活，因为它无法满足你对多样性和成长的需求。所以，在最幸运的情况下，你和你的伴侣都成长了，你不会抓住原来的爱不放，而是勇敢地迎接爱的进化。

真正爱你的人，不会给你十足的安全感
——大部分人无法理解

我们如此渴望在亲密关系中寻求安全感，并且把伴侣能否给我们安全感视作他是否爱我们的一个重要判断依据。然而，真正爱你的人，不会给你十足的安全感，而会给你应对不安与不确定性的勇气和能力。

首先，缺乏安全感是一种身心相互作用的生命模式。无论一个人多么爱你，最多是不触发你的不安全感，或向你证明事情并不是你所认为或者感知的那样。但如果你不能由内而外地打破这种生命模式，你依然无法获得真正的安全感。

其次，寻求安全感通常是我们回避伤痛的一种自我保护方式。给你安全感的伴侣也许可以创造一个伊甸园或者是一个心灵温室，但如果你只是待在这个伊甸园或心灵温室里，就是在逃避真正的生命议题，或者拒绝生命中更大的成长。

最后，无论是一个人的生命，还是整个宇宙，最根本的真相是运动和变化。在这样的背景下，维持恒定的安全感是一种自欺欺人的幻想。就像一个人承诺一辈子对你好，但如果他的

生命长度都无法陪伴你一辈子，又如何能一辈子对你好呢？

所以，真正爱你的人，不会给你十足的安全感，而会给你应对生活中的各种无常与变化的勇气和能力。正是这个过程让你成长与进化，并收获更大的生命力——这是爱的一个重要意图。

婚前男哄女，婚后女哄男？

最近的一次个案咨询中，案主分享了自己上一段婚姻的经历，让人印象特别深刻的是她的前夫曾教育她的一句话：婚前男哄女，婚后女哄男。

真的很赞叹人类同伴在创造各种限制性观点时的创造力和表达力，这个对偶句多么工整，听着都好有道理，散发着权威的、真理般的光芒。

问了一下身边两位朋友对这句话的感受。一个说，感觉婚姻变成了一个陷阱，一场无望的教育；另一个感叹，真的是这样！她的老公就是这样对待她的。

不知道大家有什么感受，也不知道有多少人会大呼自己也上了同样的一个大当。更重要的是，这种限制性观点，居然可以被当作道理和规训，名正言顺地支配婚姻生活。

当然，除此之外，还有很多五花八门的有趣观点，包括"男的就应该宠着女的""女的一定要占据高位，把控男人"等。而这些观点又创造出各种彼此制衡、并不幸福的关系。

之前我发布过一个视频，叫"不以恋爱为目的婚姻，才是耍流氓"。试想，如果两个人只是建立了一种名为婚姻的关系，却并不相爱，无法创造幸福，更不能共同成长，居然还要用大半生时间和对方维系这种关系，这是多么讽刺的人生设定。

婚姻的意义在于生命发展：首先是伴侣双方的生命发展，双方努力探索和创造幸福的生活；其次是孕育生命，并支持新生命开启新一轮的生命发展。而与伴侣的相处中，并没有相处模式的标准答案，必须探索和磨合出适应于双方的、互补又平衡的，有助于双方生命发展的相处模式。

女人就是要被哄的？
第三个答案出乎意料

不知道大家是否认同"女人就是要被哄的"这个观点，不知道有多人把"哄我"和"爱我"画上了等号，也不知道有多少伴侣因为男方没有哄女方而分手。

首先，的确有一些女性会被教育、被灌输此观点或从小在家里及在过往的亲密关系中也确实是被哄的，所以她们深信这是女人的特权。但其实这是非常狭隘的观点，其背后是非常单一和有限的生命体验。当这种特权变成了亲密关系中的某种情感压迫，要知道被压迫的人有一天是会站起反抗的。

其次，一些女性其实是把哄不哄当成了爱不爱的测试。她们深信如果对方爱她，就应该来哄她；相反不哄，就是不爱。想象一下，一个爱你很久、爱你很深，却就是没有来哄你的人，他被全盘否定时的受伤害程度。多少原本有潜力的、好好的感情被这种杀伤力巨大的情感测试给终结了。

最后，就是要哄的不是成熟的女人，而是心智未成熟的小女孩；总是去哄的也并不是成熟的伴侣，而是情感中的养育者。

不太成熟的养育模式被移植到了亲密关系中，创造了养育型的亲密关系。而成熟的女人与男人既不会相互欺压，也不会相互测试，他们互敬互爱、精诚合作，更愿意把精力和能量用于双方的生命发展和关系建设。

想一想，是不是有些人之前哄你，后来就不哄了；有多少人因为当年没有被哄而愤然分手之后暗自神伤；又有多少人依然享受和痴迷于被哄，不愿长大或者体验更高级的亲密关系。

当你把伴侣的付出视为理所当然，
你离他的离开就不远了

感恩是一个人可以接收爱的先决条件。感受一下，如果你是爱，你更希望靠近那些感恩你的人，还是那些无视你的人？

在一次个案咨询中，一位小伙伴不停地强调：伴侣不就应该怎样怎样，别人的伴侣可以做到那个程度，为什么我的伴侣就不行，等等。她完全看不见在和她的相处中，特别是她经常基于自己的心灵创伤而恐吓、操控、测试和索取伴侣时，伴侣给予她的接纳、包容，以及为满足她所付出的巨大努力。即使她是一个受过伤的人，这也不能成为她剥削另一个人的理由。然而很多人并未意识到这一点，反而变本加厉地从在乎自己、爱自己的人那里疯狂索取。

当你把伴侣的付出视为理所当然，你离他的离开就不远了。这就是可怜之人必有可恨之处、多行不义必自毙的因果循环。只是不知道你有没有意识到这一点，以及什么时候能真正地学习到这一课——即使不知道如何爱一个人，即使还没有能力去爱一个人，也要先学会为他人付出，表达感恩。

10

太真实了！不成熟的伴侣是如何把爱吵没的？

为什么成熟的伴侣之间总能化解矛盾，解决问题？这有赖于他们之间的一个核心沟通原则，就是无论遇到什么事情和情况，他们都会以尊重对方为前提，就事论事地解决问题。而不成熟的伴侣在这个时候恰恰相反，他们非常有可能把一件简单的事情上升为人格层面的攻击和对感情的全盘否定。这样一来，他们非但不能就事论事地解决问题，反而会激化矛盾，升级问题。

回想一下，在最近一次的沟通或者争执当中，你和伴侣之间是彼此尊重、就事论事，还是人身攻击、全盘否定。仔细体会，你就会明白为什么同样一件事情，不同的沟通方式会得到完全不同的结果。

不成熟的伴侣既是挑起事端的高手，也是破坏爱的高手。因为任何人在遭受人身攻击时，都会陷入紧张、焦虑和愤怒等强烈的情绪中，这些情绪会激发他即刻做出反抗、逃避、冻结或讨好的应激反应。如果这时不成熟的伴侣再补刀一些"你根本就不爱我！""你从来就没有付出过！""你永远不会改变的！"等全盘否定式的盖棺论定，对方自然会陷入或恼羞成怒或无地自容的崩溃状态，开始与不成熟的伴侣"齐心协力"把好不容易培养起来的爱彻底毁灭。

不成熟的伴侣善于借题发挥，把对事件的讨论上升为人身攻击；而成熟的伴侣能够就事论事，以尊重和信任伴侣为前提，携手合作解决问题。

11/

伤害伴侣自尊却又如此普遍的四种行为

拥有健康自尊的伴侣通常会在亲密关系中积极投入、勇于尝试，并能够正向解决问题；而自尊遭到破坏的伴侣则通常在亲密关系中消极应付、躺平摆烂，并以激烈的、破坏性的方式摧毁关系。

伴侣是否拥有健康的自尊水平，既与他的成长过程和经历有关，也与我们如何对待他的方式有关。以下是伤害伴侣自尊，却又在亲密关系中普遍存在的四种行为。

行为一：严厉地指责和批评。严厉地指责和批评会侵蚀伴侣的自尊与价值感，引发其悲伤、愤怒或沮丧的负面情绪，从而使伴侣的动力下降，对自我和这段亲密关系失去信心。

行为二：过度地照顾和养育。过度地照顾和养育会让伴侣产生依赖感，丧失独立性。随着伴侣的心灵成长，过度地照顾和养育反而会变成一种压抑和控制，破坏伴侣的自尊。

行为三：受害者的内疚游戏。有些人特别擅长扮演受害者或不被满足者的角色，试图通过让伴侣感到内疚，来激发伴侣付出更多。一些伴侣会因为无法满足对方而认定是自己不够好。

行为四：总是讽刺或说反话。如果指责和批评是明剑，那讽刺或说反话就如暗器一般伤人。它们会让伴侣陷入纠结和混乱，有一种怎么做都是错的挫败感。这种挫败感也会极大破坏伴侣的自尊。

12/

还要多少伤害，
我们才能明白这个爱的真相呢?

回想一下在过往的亲密关系中，我们伤害了多少人，又被多少人伤害，以及我们是否意识到，我们也无意中伤害了自己呢。

还要多少伤害，我们才能明白这个爱的真相，那就是在我们未能疗愈自己的心灵创伤前，我们只会伤害那些爱我们的人，包括我们自己。

两个心灵健康的人，是彼此在互动中表达爱和创造爱的前提条件；而两个心灵受苦的人，是彼此在互动中相互消磨和互相伤害的根本原因。

人类普遍的、核心的心灵创伤有五种，分别是内疚创伤、信任创伤、忽视创伤、吞没创伤和遗弃创伤。

如果我们困在内疚与自卑中，要么会不断牺牲自己、讨好他人，要么会拒绝他人的爱，要么总想贬低他人、抬高自己。

如果我们困在缺乏信任的恐惧与不安中，要么会不断内耗和恐吓自己，要么会猜忌和测试他人的爱，要么想控制和占有他人。

如果我们困在被忽视的伤痛中，要么以情感隔离的方式把自己关在一个孤独的世界，要么无休止地向他人索取关注和关爱。

如果我们困在被吞没的伤痛中，要么不敢向爱我们的人敞开心扉，要么会莫名其妙地推开爱我们的人或切断关系。

如果我们困在被分离或被遗弃的恐惧中，无论遇到多好的伴侣，无论正在体验多么极致的幸福，我们的内心依然焦虑和恐惧；我们宁愿在错误的人那里受苦，也无法勇敢地离开，开启真正的幸福；我们要么不再去爱任何人，要么会在遇到挑战时撒腿就跑。

还要伤害多少人，还要带给自己多少伤害，我们才能明白这个爱的真相：疗愈自己是自爱的核心，也是有能力去爱他人并与他人创造更多爱的前提。

13

亲密关系中也有叛逆期，
特别是这两种关系类型

就像青少年在青春期会因为人格独立的内在成长需求而进入叛逆期一样，有些人在亲密关系中也会出现叛逆，特别是这两种关系类型。

一种是养育型亲密关系。在养育型亲密关系中，伴侣双方更像是孩子与父母、被养育者与养育者。被养育者为了获得养育者的关爱和照顾，通常会讨好养育者，或者将自己伪装成养育者喜欢的样子。然而这种状态并不稳定，因为未能真正地活出自己，被养育者在情感关系中的某个阶段也会进入叛逆期，以寻求活出自己和满足人格独立的需求。

另一种是制约型亲密关系。在制约型亲密关系中，伴侣一方凌驾于另一方之上，处于强势的领导和支配地位。强势的一方通常比弱势的一方更优秀、更成功、更富有，惯用情绪、情感操控等手段操控伴侣。然而这种状态并不稳定，因为弱势一方无法长期忍受强势一方的压制，也会在亲密关系中的某个阶段开启叛逆和反抗，以摆脱这种有毒的关系。

哪里有养育，哪里就有想要独立的逃离；哪里有制约，哪里就有对抗的叛逆。亲密关系的一个重大意义便是，伴侣双方走出原生家庭后，在彼此的支持下，真正发展成为成熟、独立、自由、自在的个体。祝愿大家可以和自己的伴侣创造一种相互平等、互敬互爱的亲密关系。

14

在一个人分手时介入，
很容易成为他的"情感稻草"

一位小伙伴在个案咨询中分享了自己近期的感情经历：她一直暗暗喜欢身边的一个男生，这个男生之前本来是有女朋友的；一个月前得知他们分手后，她迅速向这个男生展开了追求，并成功和他确立了关系；然而好景不长，一个月后，她感受到这个男生对她并不是特别上心，甚至开始疏远她。于是，她开始患得患失，非常痛苦。

分手对于大部分人来说，都是一次重要的心灵挑战。对于有分离恐惧和遗弃创伤的小伙伴来说，更是如溺水一般恐惧和痛苦。这个时候也是他们意识非常不稳定、不清晰，情绪和能量非常低落的时期。在这个时候，也许你的追求、支持和关爱能够在一个人非常无助的时候，给他带来安慰、安全感和帮助。然而这个阶段他的生命状态和情感状态非常不稳定，如果你的生命状态和能量也不是很高、很稳定的话，你就非常容易成为这次救援中的"情感稻草"，被对方的情感挣扎拉下水，被伤痛和恐惧吞没。

还有一种情况是，你在一个人最低落的时候，得到了这个人。然而他这种低落的生命状态并不是常态，当他恢复到正常的生命状态时，他发现自己在低落状态下做出的决定，无法匹配他正常的生命状态和需求，就会选择离开你。就像一位小伙伴曾经给我的留言所述：一个人在重获光明后，做的第一件事，就是丢掉手中的拐杖。

在一个人分手时介入，无论是第一种情况还是第二种情况，无论是爱对方还是想占有对方，都希望你先成为一个拥有自爱能力、生命状态稳定且幸福的人。如此，既不会"乘人之危"（结果却成为一棵"情感稻草"），也不会在不被需要时，成为复明人丢掉的拐杖。你就是你，伟大而美好，你会和一个美好的人相遇，创造和经验一段美好的关系。

15/

你也许看到过我愚蠢的一面，
但如果你以此认定我蠢，那么……

"你也许看到过我愚蠢的一面，但如果你以此认定我蠢，那么就是你蠢。"这是我在工作坊中经常会提醒大家觉察的一句话，以帮助大家超越被他人误解或贬低的痛苦。

很多时候，我们因为他人的误解或贬低而受苦。如果这个人是我们所尊重的、所在乎的人，那么这种痛苦就更加强烈。然而，即使是我们所尊重的、所在乎的人，他们作为单独的个体都存在各自的局限性。很多时候，对于你和你所创造的事件，他们也只能在表层做出一个主观且非常有限的判断。他们真的了解事实的真相吗？他们真的了解你背后的动机吗？他们真的了解你吗？在缺乏所有这些了解的前提下，就下定义、做判断，进而宣称他们看透了你，你就是一个怎样怎样的人。这种行为本身就很愚蠢。

同时，我们也需要觉察和超越他人认知的主观性和局限性。在人际关系中，我们为了要真正了解一个人所花的时间太少，而多数时间仅凭有限的认知和限制性观念去评判一个人。即便是我们最憎恶的人——我们看到他就恶心，他做的任何事情，我们都觉得不对——也请明白在其他人的眼里，在这个人另外的生命状态中，他可能是最可爱的人，或者是其他人的英雄。单凭我们在单一场景或单一事件中所看到的一个人的表现，就对这个人妄作评判是不公平的；单凭我们参与这个人的某一人生时段和对这个人的了解程度，就宣称"我还不知道你"是非常自以为是的愚蠢。

　　"人不知而不愠，不亦君子乎？"不知人，亦不评断，不亦君子乎？

16

多数人选择享受型亲密关系，
少数人选择成长型亲密关系

在一段恋爱开始的时候，我们就面临着两个选择：是开启一段享受型的亲密关系，还是开启一段成长型的亲密关系。

多数人会毫不犹豫地选择享受型的亲密关系：他们在关系的初期让彼此全然地享受爱情的甜美，尽可能地为彼此创造幸福的体验——一起吃很多好吃的，玩很多好玩的，买很多好看的，尝试很多之前想要去尝试的；一时间，他们似乎超越了各自过往的情感伤痛和障碍，创造了一种前所未有的关系；两个人都活在一个充满幸福的时空中，并对未来寄予了将这种幸福无休无止延续下去的希望。

然而，这种享受型的亲密关系注定会在关系的持续深入和发展中遭遇巨大的挑战：你享受惯了，或者认定伴侣就应该是带给你幸福的伙伴，但伴侣是否能够接纳和承托你脆弱无力的一面？未经真正考验的关系，是否能够在出现困难和挑战时依然坚定而有力地存在？即使送过你上万、上百万甚至上千万元的礼物，伴侣是否就能够改造你的内在，疗愈你过往的心灵创伤和情感障碍？在享受过三个月到三年不等的幸福后，两个人是否知道下一步该怎么走，如何发展关系？当一段关系中的享受成分减少了，甚至消失了，是否就意味着伴侣应该被遗弃，这段关系应该结束了？

少数人会有意识地选择成长型的亲密关系：他们越来越清楚地知道自己和伴侣可能都存在心灵创伤、情感障碍或缺失爱的能力，在一段新的关系中，两个人需要一起开始觉察、疗愈、学习和重建这些部分；即使是原本就非常幸福的两个人，在组成了一个团体之后，也有需要双方重新磨合、探索、学习、共同成长和共同创造的功课要做。疗愈的功课、成长的功课和彼此的功课，是成长型亲密关系的基础。

这听起来确实没有享受型关系诱人，也确实比享受型关系难得多。但恰恰是这种持续的成长，才能带来关系的可持续性发展和更高级的身心享受。

17

如果父母自己的婚姻一地鸡毛，就不要对孩子的情感指手画脚

一到过年，就有很多小伙伴对回家过年充满焦虑和恐惧。其中一个重要原因是，春节期间的家庭聚会特别容易演变成大型催婚、催生现场。

无论如何，我都希望大家可以看到这背后的关注和爱。然而很多父母，特别是婚姻不幸福的父母，根本无法理解催婚带给成年子女的三个巨大影响。

首先，孩子是特别爱和忠于自己父母的。如果父母不幸福，孩子会在潜意识中认为是自己的责任，从而产生巨大的内疚心理，不允许自己幸福或无意识地持续破坏自己的幸福。

其次，成年子女对于亲密关系和婚姻的恐惧恰恰来自父母糟糕的婚姻生活和生命状态。父母给孩子做了最糟糕的示范后，现在又敦促成年子女走进婚姻，相当于把无助的他们再次推进火坑。

最后，婚姻不幸福的父母通常边界感较差，未能给孩子创造一个安全边界——尊重和允许孩子独立成长的环境。但孩子

在心智上是渴望被信任并活出自己的。越是催促，孩子越逆反。

作为父母，如果自己的婚姻一地鸡毛，就不要对孩子的情感指手画脚。如果我们真的希望孩子幸福，那就以身作则活出幸福的样子，成为婚姻的榜样，并以尊重和支持的态度，鼓励孩子超越原生家庭的模式，走上属于自己的幸福之路。

18

为什么男人普遍恐惧和女人沟通?

为什么男人如此普遍恐惧或不擅长沟通呢?这是很多女人经常问的问题。事实上,对于一些男人来说,沟通甚至意味着触发三种巨大的心理创伤。

第一种,很多母亲有意无意地把孩子当作自己亲密关系的情感树洞,不断和孩子分享与伴侣相处中的各种不满和伤痛。对于同时爱着妈妈和爸爸的孩子来说,接受这些控诉是极其痛苦的,特别是一些母亲还会说是因为孩子才选择在婚姻中隐忍的。这会让孩子从小背负妈妈不幸的内疚责任,而且出于对妈妈的爱,孩子很难拒绝和屏蔽这类令人恐怖的沟通。这种心理阴影会让男人在自己的亲密关系中,极力避免与伴侣沟通。

第二种,与其说是沟通,不如说是女人对男人的控诉。女人如数家珍地诉说自己为男人付出了多少,而男人对自己造成了多少伤害,有多不能满足自己。当女人成功地成为正义的受害者时,男人便成为邪恶的迫害者。内疚是一种杀伤力巨大的情绪,母亲无意间给一个小男孩留下的内疚创伤,会让成年以后的男人在面对伴侣的控诉时手足无措,甚至他会通过一些自残的行为，来补偿伴侣或制止这种控诉。

第三种，亲密关系本来就是很多男人的短板，而且男人在亲密关系中也压抑着很多的伤痛和脆弱——男人特别不想也不擅长面对和处理的议题。很多男人在事业上所向披靡，而其亲密关系却一塌糊涂。每一次沟通都会让他们产生巨大的挫败感、无助感和失败感。久而久之，沟通就变成男人的一种情感障碍。每每女人提出要和他们沟通的时候，他们简直就像要被剥光衣服，游街示众般焦虑和恐惧。

所以，男人是否愿意和擅长沟通，其实和他们过往的生命经验有着巨大的关系。这也是男人和女人需要共同面对和成长的议题。良好的沟通和和谐的伴侣，都是需要爱来培养的。

19/

为什么有些人恋爱总是失败?

也许你很难相信,我们会习惯性亲手毁掉自己的亲密关系。但事实上,非常多的人都有着无意识的自我破坏倾向,致使其身心、事业、财务状况和亲密关系都受到不同程度的影响。

自我破坏倾向通常来自过去未解决的心灵创伤,在亲密关系中有三种典型的表现:

第一种表现:曾经遭受养育者虐待的孩子,长大后特别容易找到非常像养育者的伴侣,重新上演被虐待的剧情。

第二种表现:父母呈现在孩子面前的不良互动模式与事件,比如情绪爆发、冷战、分居、出轨、离婚等,也特别容易被孩子习得,成为日后破坏自己亲密关系的模仿样本。

第三种表现:不安全感导致的嫉妒和害怕受伤,会让我们以紧紧抓住伴侣、控制伴侣,或以轻易提出分手、切断关系的方式,一而再再而三地伤害伴侣,激化矛盾、搞砸关系。

当我们疗愈了过往的心灵创伤,走出自我破坏的内在模式,才有可能带领自己在亲密关系中创造幸福。

为什么爱会让人变得卑微?

为什么爱会让人变得卑微呢? 因为这是很多人类同伴最初的, 也是最深刻的情感经验。

回想一下小时候我们是如何与父母相处的, 就会明白为什么我们会无意识地在与伴侣的相处中变得卑微。

有些人可能从小就被父母植入了自己不够好的信念, 于是认为一个不够好的人, 只有付出更多才能换得对方的爱。

有些人可能从小就要用讨好去安抚暴躁或焦虑的父母, 于是只要觉察到伴侣情绪不对, 就会马上启动讨好、安抚机制。

有些人可能从小就习惯以满足父母的需求来交换父母的爱, 于是会认为只有在情感中多付出, 才能获得伴侣的爱。

这些不尽如人意的有关爱的早期经验, 被深深地植入我们的潜意识, 成为我们应对亲密关系的固有模式。

21

为什么越想解决和伴侣之间的问题，越解决不了？

大家是否有过这样的经验，就是越想解决伴侣之间的问题，越解决不了，于是非常苦闷。其实，这种急于解决问题的心态，才是真正的问题。

首先，这到底是不是一个问题，是谁的问题？最近一个曾经在感情中非常焦虑的小伙伴感慨道：在一个焦虑型依恋风格的人看来，所有人都属于回避型依恋风格。这是一个特别好的觉察。我们认为对方是回避型依恋风格的人，是否恰恰因为我们过于焦虑，情感上过于依赖对方，导致我们把问题推卸给伴侣，单方面把伴侣当成亲密关系中的问题。

其次，要解决问题，得先处理情绪和伤痛。我们都很想理性地沟通和解决问题，然而实际的效果呢？多少次，我们达成了表面的共识，却因为底层情绪、伤痛的压抑、涌动，让这些共识的有效期非常短暂；又有多少次，我们努力地想要达成共识，解决问题，但长期压抑的情绪让两个人变成火药桶，一点就着，陷入对抗。所以要解决问题，得先处理情绪。

最后，有问题是很正常的，关键是能否求同存异。一个有智慧且爱自己的人具备与各种伤痛、恐惧、挑战、失败、挫折以及不完美和谐相处的能力，同时非常清醒地把意识和能量放在想要创造的正向目标上。两个人的亲密关系也是一样，如果两个人一直盯着问题而不是共同成长，即使有一天问题解决了，他们迎来的也将会是下一个问题，而不是彼此关系的一次升级。

22/

为什么恋爱中的快乐总是很短暂呢?

如果能弄懂这个问题,大家就明白为什么恋爱总是失败,也就能得到如何真正去爱一个人的启示。

人类的情绪感受分为两个层面:表层情绪和底层情绪。表层情绪是由当下发生的短暂事件主导的,底层情绪是由过往发生之事形成的长期记忆决定的。表层情绪像是生命中的烟火,而底层情绪则是生命的底色。这种恋爱中的快乐总是很短暂的感受,通常预示着我们依然被困在童年创伤或过往的情感创伤中,包括内疚创伤、信任创伤、忽视创伤、吞没创伤和遗弃创伤等。

恋爱初期通常是两个人生理能量和心理能量最高涨的时期,两个人都努力带给彼此快乐。我们不断地赞美彼此,给彼此创造惊喜,为彼此服务,一起尝试很多不同的体验,尽可能多地陪伴彼此,尽可能多地体验肌肤之亲,这些的确能够给彼此带来极大的表层快乐。但是我们需要意识到,这些短暂事件无法彻底消除双方在过往 10 年、20 年甚至更长时间内累积而成的底层情绪。随着关系进一步深入,两个人逐渐回落的能量也无法继续维持巅峰的快乐状态，于是两个人又逐渐滑落回不安、焦虑、愤怒和抑郁的底层情绪状态。而压力、冲突、矛盾和恐惧的不断加剧，则唤醒了伴侣童年亲子关系不幸福或过往亲密关系不幸福的长期记忆，再次强化了他们关于亲密关系不会长久幸福的生命信念。于是短暂的快乐和甜蜜就此结束，不满、不安、焦虑和愤怒的大幕就此拉开。

对于很多人来说，有关爱和亲密关系的生命教育是缺失的、有限的。总体来说，我们模仿着其他人类同伴的样子去恋爱，但这些短暂的、表层的努力，只能够带给彼此暂时的快乐；唯有深刻了解和理解伴侣的生命底色，勇敢地、深层地支持伴侣走出过往的心灵创伤，我们才有可能和伴侣创造持久的喜悦和幸福。

23/

为什么恋爱初期越热烈，结果却越容易失败？四个无比真实的原因

恋爱初期越热烈，结果却越容易失败，其背后有四个无比真实的原因，供大家觉察。相信会对你及你身边的朋友大有帮助。

原因一：一些人，特别是有自恋倾向的人，善于在恋爱初期运用爱情轰炸，迅速征服另一个人。然而他们实际擅长和享受的，就是征服的这个过程。他们并不一定有意愿、经验和能力与伴侣创造持久而深刻的亲密关系。

原因二：依然有大部分的恋爱是由激情驱动，而不是爱驱动。长则两三年，短则两三个月，当激情退去，回归到彼此正常的生命状态，特别是伴侣彼此都有情感创伤和障碍时，由于缺乏爱的驱动和能力，他们又会退回到彼此防御的状态。

原因三：恋爱初期的甜美和梦幻容易让很多人对伴侣和这段关系产生童话般的、完美的投射和不切实际的期待。他们以为未来等着他们的就是一劳永逸的幸福。而事实上，完美的投射和不切实际的期待恰恰成了通往真实幸福道路上最大的

绊脚石。

原因四：越是创造和谐和完美的表象，越会让伴侣错失发现问题和共同成长的黄金时机。所有的压抑和不满非但不会消失，反而会不断累积，等到一个合适的机会，以"老子已经忍了你很久"的姿态，全面地、复合地集中爆发，很多恋爱在这时已经积重难返。

恋爱亦是修行，祝福大家在恋爱中勇猛成长，活出幸福。

24

无条件地爱等于无条件地满足吗？

在一次课程中，有人问了一个很好的问题：无条件地爱等于无条件地满足吗？起因是他的伴侣觉得，如果你爱我，就应该无条件地满足我！

相信有很多人遇到过类似的爱的"绑架"——可能来自孩子、来自伴侣，也可能来自父母，抑或来自其他我们深爱的人。

在这里想和大家分享一句特别重要的话：我是爱你的，但这不代表我应该满足你所有的需求、期待、要求和标准。无论对方是你的孩子、爱人、父母，还是其他重要的人。

我们说爱是一份让自己、让对方乃至让整个世界都变得更好的意愿和行动。满足对方当然会让他感到即时的快乐和满足，但如果这种满足无法使其持续地成长，反而会导致对方的心灵退化、欲望加剧、自以为是或理所当然，那么这份满足就不再是爱，而是一种慢性的毒害。

对于爱的付出者或是贡献者来说，我们特别需要觉察：这份爱到底有没有让对方真正生活得更好，有没有让对方成为一个更独立、更成熟的人，有没有让对方成为自爱且能够爱身边人的人，有没有让对方成为一个通过自己的生命成长来贡献世界的人。

最高级的爱是赋予一个人自爱的能力。即使某个时刻，我们无法满足他的需求，即使有一天，我们不在他身边了，他依然能够主动爱自己、满足自己，创造幸福的生活。

25

为什么一方越优秀，另一方则越无能？

大家有没有发现一种现象，就是在很多亲密关系中，一方越优秀、能干、明事理，另一方则越无能、躺平、一无是处。那么你是亲密关系中优秀的那个人，还是无能的那个人呢？

无论伴侣中的哪一方希望打破这种两极化的关系状态，都需要明白其背后的三个深层原因。

第一个原因：很多外在优秀的人其实内在是自卑的。这导致他们在选择伴侣的时候，会无意识地选择更容易把控的人，而不是同样优秀或比自己优秀的人。换句话说，伴侣之间其实是一种竞争关系。只有通过无能的伴侣——其实是竞争对手——优秀的伴侣才能继续展现他们的优秀。

第二个原因：很多外在优秀的人内心住着一个习惯付出的受害者。这个内在身份可能来自他们从小要肩负起照顾父母和家庭的责任，却永远无法满足自己的成长环境。在未觉醒和疗愈之前，优秀的人会参照自己的童年剧本找到一个无能却可能虐待他们的角色，来重复演绎受害者的角色。

第三个原因：很多外在优秀的人其实内在并不知道什么是爱，什么是爱自己。他们只是在无意识地通过优秀、能干、明事理向伴侣证明自己的价值，却未能通过爱自己，引导伴侣如何与自己相处。而且很多时候，他们越是付出，伴侣越没有机会成长，越没有机会练习自爱的能力。伴侣越会觉得反正也无法超越，那不如摆烂吧。

亲密关系是我们与自己关系的一面镜子。当我们带着智慧看到这面镜子所反射出的内在伤痛、恐惧和限制性信念时，便有机会超越这些内在卡点，重塑人生，当然也包括健康的亲密关系。

26

假如你未能在爱中主动成长，
则可能在痛苦中被动成长

　　一些人委屈和愤怒地追忆，伴侣曾经多么爱自己，现在却不爱了；一些人内疚和痛苦地回忆，因为自己不懂得爱和珍惜，最终弄丢了一个爱自己的人；还有一些人幻想着，总有一天伴侣还可以像原来那样爱自己，于是苦苦守候着一段名存实亡的关系。

　　从心灵成长的视角来看，伴侣是我们生命进化中非常重要的导师和助缘。他们在竭尽全力地推动着我们的成长以达到我们内在圆满的境界。在伴侣爱我们的时候，觉醒了的小伙伴能够被这份爱激发，主动地成长自己，并在这个过程中通过回馈和贡献伴侣，不断实践和提升自爱的能力。然而对于未觉醒的小伙伴来说，通常会把伴侣的爱和付出视为理所当然，停止甚至退化了自己的生命成长，退回到被养育者的状态，不断地向伴侣索要爱，测试爱，甚至因自己的需求未被满足而攻击和惩罚伴侣。

　　生命在于成长，亲密关系是成长的重要道场，如果伴侣意识到无法用爱鼓励和激发我们勇敢成长，拥有自爱的能力，活出幸福的状态，则有可能用另外一种方式——把我们带到痛苦面前，敦促我们觉醒，学会爱自己，培养自主幸福的能力。

爱一个人的最高境界是赋予了这个人自爱的能力。无论是被爱激发，主动成长，还是被痛苦刺激，被动成长，都祝福大家早日收获自爱的能力。

27/

情感挽回，还是情感算计？

时不时会遇到一些经历过情感挽回的小伙伴。在复盘中，我发现他们的感情挽回通常有以下三种情况：

第一种情况：作为情感上或生活中养育者的一方想要结束这段关系，而作为被养育者的一方感受到了被遗弃的恐惧，于是拼命想要挽回情感。

第二种情况：没有安全感的人不断地通过"作"和索取来测试伴侣，因为一次失手"作"过了头，真的把伴侣"作"够了而提出分手，于是拼命想要挽回情感。

第三种情况：伴侣那里有他们渴望的巨大利益，为了能够得到这些利益，他们需要占有伴侣或维持某种支配关系，于是拼命想要挽回情感。

而曾经服务过他们的情感导师和机构，通常也会投其所好，给他们出谋划策，甚至手把手教他们如何说、如何做，以达到他们的目的。

然而，这些行为真的是在挽回情感吗？挽回这段情感真正的意图是想去爱一个人，并与之共同创造美好的亲密关系，还是更像一场情感算计，以便重新依赖对方，索取更多的爱，获得更大的利益？

即使这场情感算计得逞了，那他们最终是算计了伴侣，还是算计了自己呢？

爱的觉醒

28

真正相爱，从承认自己没有爱开始
——没有爱的五个真相

真正相爱，从承认自己没有爱开始。如果能够接受和理解没有爱的五个真相，说明我们和伴侣的心灵开始觉醒，并朝着爱的方向出发了。

一、我们是否能勇敢地承认自己是缺乏爱的。因为过往养育环境中缺乏爱，我们其实希望从伴侣那里获得更多的爱，索取更多的爱或者交换更多的爱。

二、我们是否能勇敢地承认我们是不敢爱的。因为过往亲密关系中的伤痛，我们其实在小心翼翼地保护自己，谨慎地和伴侣相处，稍有风吹草动，便开启攻击伴侣或切断关系的自我保护机制。

三、我们是否能勇敢地承认我们是怀疑爱的。因为更深层的伤痛和偏激的舆论导向，我们已经不再相信爱，冷漠地、理所当然地认为所有的爱都是一种交易，爱我们的人都别有用心。

四、我们是否能勇敢地承认我们是不会爱的。因为所接受的爱的教育是如此匮乏和有限，我们其实并不知道如何去爱一个人，甚至不知道除了我们自以为是的爱，对于对方来说什么才是爱。

五、我们是否能勇敢地承认我们是不能爱的。因为生活的种种压力和社会的竞争，我们都还在忙于生计，又或者痴迷于追逐各种欲望，连爱自己的时间都没有，又哪有时间和精力去爱别人呢?

缺乏爱、不敢爱、怀疑爱与我们的心灵健康程度有关，不会爱和不能爱与我们的生命发展水平有关。一个人在爱中的觉醒、疗愈和成长，将带给自己巨大的生命进化;两个人在爱中的觉醒、疗愈和成长，将会创造充满爱与希望的关系和生活。

认识到这一点，
对于我们能够重获真爱至关重要

我们是如此渴望被爱，又深深地恐惧被爱。我们恐惧对方更进一步地靠近，看到我们破碎的和自卑的内在；我们恐惧此刻的幸福，担心它是下一秒伤害我们的圈套；我们恐惧当关系更进一步后，对方开始忽视或者控制我们；我们恐惧几乎不可避免的分离，以致不敢接受爱，也不敢爱。

在某次课程中，记得有位小伙伴说："大家了解我更多，距离我更近，就是我准备要逃离的时候了。"之前个案咨询中的一位小伙伴也说过："吴老师，为了能够获得你的帮助，我需要和你保持距离，否则我就会因为不安全感而想要逃离了。"谢天谢地，这两位小伙伴都在疗愈和成长后，逐渐走出了这种焦虑回避的关系模式。后面的这位小伙伴，甚至从原来的"社恐"变成了"社牛"，重新回归社会，回到爱她的人们中间。

我们真的错怪爱了。其实我们真正恐惧的恰恰不是爱，而是亲密关系中各种以爱为名的伤害行为，包括占有、控制、依赖、吞没、欺骗，甚至虐待等一系列不健康的行为。认识到这一点，对于我们能够重获真爱至关重要。正是因为我们把亲密关系中这些不健康的行为误认为是爱，或者被对方误导他这么做是因为爱，才会导致人类同伴对于爱、对于亲密关系产生了普遍的心理恐惧和障碍。

亲爱的，不要因为伤痛而断定这个世界上没有真爱，或者认为自己就是一个不值得被爱的人。这些只是我们被一些并没有爱的能力的人以爱为名的偏差行为所迷惑的假象。我们要相信爱、学习爱、练习爱并付出爱。当我们与自己或与另一个人类同伴实实在在创造了接纳、理解、尊重、欣赏和支持的亲密关系，我们便做了爱的见证，同时化身为爱本身，成为一个幸福的存在。

Part 2

爱的真相

爱，从认知真正的爱而生发

　　任何人都渴望爱，也都需要爱。作为人，我们不仅需要物质能量来维持生命，也需要精神能量来发展生命。这种精神能量就是爱。去看看那些精神焕发的人，他们的生命中一定存在爱的滋养，无论是在做自己热爱的事情，还是与所爱之人在一起。这种精神能量支持他们在生命中不断突破限制、勇敢创新、超越自己。

　　这种精神能量会点亮一个人内在的五盏心灯：存在感之灯、安全感之灯、归属感之灯、自尊感之灯和自我价值感之灯。拥有存在感的人，能安稳地与自己、他人和世界相处；拥有安全感的人，愿意不断尝试新的事物，不断拓展自己；拥有归属感的人，深知自己被爱的人包围，不再孤独；拥有自尊感的人，能够守护自己的边界，并以自尊自爱的方式对待自己、与他人相处；拥有自我价值感的人，深信自己是一个美好的、有价值的存在，他们的生活也会因此而幸福和有价值。

爱是如此美好，但为什么还有那么多的小伙伴谈爱色变，如此恐惧爱呢？这是因为他们在过往的生命中、在最亲密的关系中体验过最令人恐怖、受伤、备感制约和窒息的感受。而又因为这是我们最私人、最核心的情感经验，我们会误认为这就是爱，或被另一方宣称这就是爱，让我们信以为真。但其实，我们错怪了爱，我们害怕的并不是爱，而是亲密关系中不是爱的部分，比如占有和控制、讨好与交易、依赖与吞没等。

这些不是爱的行为通常有两个特点：一是给我们的身心造成巨大的伤害，二是对我们的生命发展形成极大的阻碍。比如，从小被父母负面评价的孩子，在父母眼里，可能认为只有这样才能鞭策孩子，然而孩子会因此相信自己就是一个不够好的人；再比如，从小被父母过度保护的孩子，在父母眼里，可能会认为只有这样才算竭尽全力地爱孩子，然而孩子会因此感到压抑和束缚而无法真正地活出自己。这些爱的伤害当然也会被带入亲密关系，成为伴侣之间各种情感问题的导火索。

无论面对的是伴侣，还是孩子、父母，如果我们无法在"什么是爱、什么不是爱"上达成共识，就非常有可能以自以为是的、不合时宜的、好心办错事的、吃力不讨好的方式，伤害我们所爱之人。所以，只有在认知"什么是爱"，包括了解爱的真相，并就"什么是爱"达成共识，爱才能在两个人之间或一段亲密关系中生发。否则因爱而误解、内耗和发生纠纷，会让处于萌芽期的爱和关系快速消亡。

在这一章中，首先我会带领大家从不同视角去观察我们的亲密关系，以及我们在亲密关系中的各种互动，去辨别哪些是爱的行为，哪些不是。同时我也会带领大家了解爱的边界在哪里——这很重要。因为爱一旦超越了边界，将会万劫不复。其次我还将带领大家通过一些微表情、小细节来发现爱的存在和踪迹。最后，更重要的是，我们要去了解和评估得以让爱生发的种子，也就是我们和伴侣的心灵品质。我们说爱会给予我们存在感、安全感、归属感、自尊感和自我价值感，而拥有这些心灵品质的人，才能生发出爱。

chapter 1

辨识真爱

1/

评估一下你们亲密关系中的
"含爱量"高低

　　无论是恋爱还是更进一步的婚姻，爱对于任何一段亲密关系的生存和发展，都如氧气般重要。当然，以下亲密关系中的六大成分——恐惧、依赖、压力、内在信念、需求、欲望也能够维持一段关系，但通常无法满足我们对亲密关系最重要的需求和期望——爱。

　　接下来，可以评估一下你们亲密关系中的"含爱量"高低：

　　1. 你们是否因为害怕分离或孤独而坚守着这段关系？这份恐惧在亲密关系的百分比中占比多少？

　　2. 你们是否因为在情感和生活上依赖伴侣而紧紧抓住这段关系？这份依赖在亲密关系的百分比中占比多少？

　　3. 你们是否因为某种外部压力，比如父母逼婚、生养孩子、社会舆论等而进入或维持这段关系？这份压力在亲密关系的百分比中占比多少？

　　4. 你们是否因为某种内在信念，比如我是一个好女人/

好男人，亲密关系必须怎样才是完美的而坚持这段关系？这份内在信念在亲密关系的百分比中占比多少？

5. 你们是否因为某种需求，比如需要对方在生活上照顾、在事业上提供帮助而经营这段关系？这份需求在亲密关系的百分比中占比多少？

6. 你们是否因为某种欲望，不论是生理上的激情、心理上的重要性被满足，还是看中对方的财富、名誉、地位等而交易和索取这段关系？这份欲望在亲密关系的百分比中占比多少？

然而，亲密关系中，最重要的成分是爱。我们是否能够贡献彼此，激发彼此活出更好的生命状态，创造更幸福的人生而持续投入和发展这段关系？这份爱在亲密关系的百分比中占比多少？

当然并不是说亲密关系中只有爱才是好的，其他成分在特定时期对亲密关系也是有益的，就像大气中有着各种成分一样。只是判断一段亲密关系是否有未来，其"含爱量"的高低有着决定性的影响。

2

真希望在决定结婚前
问过自己这十个问题

婚姻是一个重大的生命决定，它直接关系到我们的福祉、伴侣的福祉、下一代乃至整个家族的福祉。以下十个问题将帮助你以更客观、更清晰的意识状态，评估和另一个人类同伴步入婚姻的可行性。

问题一：你对于婚姻是期待还是恐惧？对婚姻感到迟疑和恐惧，通常意味着你的内在对于亲密关系是有伤痛、恐惧且并未准备好的。以这样的状态步入婚姻，结果可想而知。

问题二：你真的了解你的伴侣吗？长期的关系需要的不仅是短暂的和谐相处，更需要彼此能够多元地、真实地在关系中做自己。

问题三：你是对方的伴侣还是"养育者"？你和伴侣之间是平等的合作型关系，还是单向的养育型关系？养育型的关系更像是一个单亲家庭。

问题四：你们的关系是否让彼此变得更好？亲密关系的意

义在于激发彼此的生命成长，在结婚前确认双方的关系能够发挥这样的作用很重要。

问题五：你们彼此是否活出了真我？只有先活出真我，才能遇见真爱。自欺欺人，只会创造假冒伪劣的爱。

问题六：你们是否对婚姻有共同认知？不要理所当然地认为伴侣和你对婚姻的认知是一致的，认知的分歧无法创造彼此认可的关系。

问题七：在你们看来，婚姻是否是一场交易？如果你们深信婚姻是一场交易，那你们需要明白，你们无法通过一次交易来满足自己持续变化的需求。

问题八：你们的婚姻目标是什么？没有目标的婚姻如同失去航向的船只，在茫茫的大海上漫无目的地漂荡，陷入迷茫。

问题九：你们有持续成长的意愿吗？婚姻不是终点，而是起点。健康稳定且有生命力的婚姻需要双方的持续成长来提供能量。

问题十：结婚是你们基于恐惧而做的决定，还是基于爱而做的决定？发心就像是种子，恐惧的种子结出恐惧的果实，爱的种子则结出爱的果实。

3/

判断恋爱是否健康的一个超准方法

判断恋爱是否健康的一个超准方法，就是我们在这段关系中的自我感。健康的爱，让我们重拾自我，并持续提升自我；而不健康的爱，让我们失去自我，并持续地消磨自我。

这是一个非常值得大家关注的点，任何以侵害自我价值或消耗自我生命能量为代价的亲密关系都不健康且很难长久。更多时候，这种关系都不是真正意义上的亲密关系，而是以伴侣双方重演过往创伤为主要剧情的创伤纽带。我们会发现伴侣双方就像两个缺爱的、恐惧的、焦虑的又非常有破坏力的小朋友，持续地、轮番地进行攻防演练。伴侣一方或双方的身份感、自主权和自我价值感逐渐遭到侵蚀。最后即使两个人都精疲力竭、伤痕累累，也依然无法真正分开，继而在这种创伤纽带中轮回。

我们也许已经意识到自己的这种恋爱模式，这意味着我们被过去的创伤困在一种习惯性受虐和习惯性破坏关系的模式中。当我们开始有意识地疗愈过往的创伤，并学习和练习正确的爱的方法，我们将从这种无明的、痛苦的轮回中解脱。

追求你和爱你是两回事
——如何分辨追求与爱？

我们经常把被追求和被爱混为一谈，认为被追求得越强烈，就代表着被爱得越浓烈。然而追求你和爱你是截然不同的两回事，并有着完全不同的意图和结果。

追求总体上源于追求者的喜好、需求或欲望。追求的目的更多是为了满足追求者自己。比如，他喜欢你的样貌，需要你的陪伴，或者欲想占有你，然而这些和爱你没有太大的关系。虽然在这个过程中，对方对待你的方式会让你感觉幸福极了，似乎对方就是来爱你的真命天子，但事实上，你只是变成了对方的捕猎对象和交易对象，而不是爱的对象。

一方面，很多追求更像是一场情感捕猎。对方锁定你为目标，投其所好地设下一个圈套，结果是你被短期占有后遗弃，或者被长期圈养起来。另一方面，很多追求更像是一场情感交易或投资。对方希望和你交换彼此需要的东西，或者期待通过短期投资收获长期的、更多的回报和利益。捕猎和交易当然和爱也没有太大关系。

　　爱意味着一个人超越对自我需求的关注，去支持另一个人幸福的意图；在双方相互接纳、理解、尊重、欣赏和支持的亲密关系中，贡献并且赋能另一个人成为更好的人，活出更幸福的生命状态。这不仅需要一种根本性的认知，更需要我们真的拥有这种经验和能力。具备这种素质的伴侣，可以在发起爱的追求，并与对方达成爱的共识后，和对方一起发展爱的关系。

有毒亲密关系的三个阶段，
有爱亲密关系的三个阶段

如果我们曾经在恋爱初期感到无与伦比的美好，在恋爱中期经历无穷无尽的打击，在恋爱后期遭遇无情无义的抛弃，那么我们已经完整地走过了一段有毒关系的三个阶段。

有毒亲密关系通常有着比较显著的三个阶段：理想化、贬值和抛弃。

在理想化的阶段，一方通常会通过爱情轰炸，创造一种完美却并不真实的人设和假象；而另一方通常会在爱情轰炸中彻底沦陷，认定对方就是自己的真命天子或公主。接着来到贬值的阶段，一方因为无法再坚持完美的假象，开始呈现真实的自己，但这会引起另一方的不满和抱怨，于是两个人开始相互质疑、贬低、指责和攻击。最后来到抛弃的阶段，通常一方因为再也受不了而提出分手，而另一方感到被无情地抛弃。这是有毒亲密关系的一个经典剧本，很多人不断不断地在情感中演绎着相同的剧本。

有爱亲密关系则是另一个剧本，也包含三个阶段：真实化、成长和升华。

在真实化的阶段，伴侣双方能够坦诚地了解和接纳彼此，真实地面对各自的挑战和关系中的问题。然后在成长阶段，双方或者开始务实地疗愈彼此的伤痛，解决问题和应对挑战，或者不断地提升自己幸福的能力和爱的能力。最后在升华阶段，伴侣之间的关系和他们自身都得到了升级和发展。在经历一次完整的升华后，他们将更有经验、能力和信心，与伴侣共同携手开启一个新的成长周期——更真实化、更深刻的成长和更高维的升华。

五个迹象说明你们真的不合适

伴侣之间的两种互动模式是亲密关系的基础：一种是双方的共鸣，一种是彼此的互补。这种共鸣和互补，有的时候真的不是靠努力就能创造的。以下的五个迹象说明你们真的不适合互为伴侣和发展亲密关系。

第一个迹象：一方或双方紧闭心门。紧闭心门意味着隔绝情感交流，而在情感上彼此隔绝和疏远的关系又如何称得上亲密关系呢？况且通常这种情感隔绝已经成为一方或双方几十年来采取的一种自我保护的固有模式。

第二个迹象：一方或双方固执己见。没有三观完全契合的伴侣，却有相互包容、彼此拓展的伴侣。未觉醒的伴侣会将自己在有限的生命经验中获得的认知当作宇宙唯一真理。一旦他认定自己是对的，对方就永远是被否定的错误的一方。

第三个迹象：一方或双方试图改造对方。对伴侣的期望和改造，本质上是为了满足自己的需求。哪怕是为了对方好，也依然是希望对方活出自己期待的样子。无论双方多么努力爱彼此，但若无法接纳真实而全面的彼此，所有爱的努力都显得苍白无力。

第四个迹象：一方或双方试图占有对方。每个人都渴望成熟、独立和自我实现。短期内，一些人可能会接受被占有所带来的好处，但从长期来看，占有必然引发叛逆，更别提那些切断伴侣一切生活方式和情感联结的自私而有毒的占有行为。

第五个迹象：一方或双方没有目标。亲密关系类似于合伙人关系，试想两个合伙人之间没有目标，或者不能就目标达成共识和共鸣，他们合伙的意义又是什么呢？即使这两个人走入婚姻，也会像两个合伙人成立了公司，却不知道开展什么业务般茫然。

7

如何判断两个人是否真正建立了亲密关系?

真正的亲密关系既不是从宣布对方成为自己的男朋友或女朋友开始,也不是彼此之间有了肌肤之亲便顺理成章地确立,甚至即使两个人走进了婚姻,组建了家庭,孕育了孩子,也并不意味着双方真正建立了亲密关系。

亲密关系是两个人之间非常高级、紧密和深刻的一种关系,它由以下五个要素组成:

要素一:了解。在真正的亲密关系中,两个人会分享非常多的个人信息,以及内在的感受和想法,甚至对外视为隐私的部分。两个人彼此了解的程度和亲密关系的紧密程度成正比。

要素二:信任。信任和了解一样,是亲密关系的基石。没有信任的亲密关系本身是一个悖论。所以如果任何一方有在不安全感方面的成长议题,两个人都很难创造真正的亲密关系。

要素三:陪伴与照顾。亲密关系意味着两个人组成一个共同生活的同盟,陪伴和照顾极大地增进了彼此生活的安全感、归属感、舒适性和多样性,使两个人可以携手创造更多可能。

　　要素四：情感共鸣。真正的亲密关系会让两个人对彼此的情感需求做出回应。即使两个人能够在生活中照顾彼此，但缺乏情感共鸣依然会让两个人感觉生活在不同的时空里。

　　要素五：承诺与目标。真正的亲密关系是需要双方共同经营和发展的。对这段关系的共同承诺和双方认可的共同目标，使这段关系得以持续发展。

想要遇见对的人，
需要先走出这三个普遍的情感陷阱

有多少人不愿意放手一段关系，并不是因为对方有多好，或者这段亲密关系有多么美好的未来，而是因为自己在这段关系里实在付出了太多。在一个个案中，一位小伙伴不愿离开有毒的关系，主要原因居然是自己付出了那么多，就这么分手岂不是便宜了别人。

这就是第一个情感陷阱：沉没成本陷阱。即使投入远远大于收获，但很多小伙伴依然倾向于继续投资一段失败的关系。只是未来他们会发现，最大的成本不是他们曾经付出多少，而是他们永远无法遇到对的人来发展健康的亲密关系。

第二个情感陷阱：维持现状陷阱。越是缺乏安全感的人，越会倾向于在亲密关系中维持现状。他们擅长否定和压抑情感中的各种问题，使得自己和伴侣既无法在关系中成长，也无法勇敢分离，开始一段新的亲密关系。

第三个情感陷阱：恐惧失败陷阱。如果一些人在过往的情感中经历了非常多的失败，那么他们将非常容易因为害怕再次

爱的觉醒

犯错，恐惧未来依然会遇到糟糕的人或糟糕的亲密关系，而选择待在一段不健康的亲密关系中。对他们来说，不作为似乎也不会犯错。

无论我们曾经付出多少，无论我们多么渴望安全，无论我们多么恐惧失败，都请记得其背后的代价巨大——我们将无法成为一个更好的自己，无法遇到一个更好的人，也无法创造更好的亲密关系和幸福人生。

9/

亲密关系的五个阶段
——你们去到了哪个阶段?

亲密关系是你和伴侣之间的一次共同修行,它分为五个阶段,看看你们到了哪个阶段?

第一个阶段:约会期。这个阶段是大家耳熟能详的阶段,其更深层的意义在于两个人因着彼此的吸引,不断地产生共鸣,并在这个过程中不断给予对方爱。

第二个阶段:安定期。两个人渴望更深层、更长久的关系,于是确定彼此作为亲密关系中的伴侣或开始共同生活。随着关系的深入和生活中的更多接触,两个人也开始对彼此和这段关系有了全新的发现和认知。

第三个阶段:适应期。两个人通常会发现彼此更多元的面相和生命状态,也会意识到相比亲密关系前期的热烈同频,两个人更愿意回到自己的世界和从前的状态里。比如,一些小伙伴因为过往的情感创伤又开始变得焦虑或者回避。

第四个阶段:突破期。这是最考验两个人生命发展水平的阶段。未觉醒和未成长的伴侣之间不可避免地会产生持续的矛盾和冲突。而觉醒和成长的伴侣则开始内观自己、疗愈自己，并不断地拓展自己，成为更多元和更高维的人，彼此和谐相伴。

第五个阶段：轮回期。未能穿越突破期的伴侣通常会分手或结束这段关系，再次回到下一段亲密关系的起点，准备迎接下一个轮回；而穿越了突破期的伴侣将携手进入一段更高级、含爱量更高的关系。

10

情感引领者与情感拯救者之间的 五个区别

很多人希望在情感中带领伴侣成长，但假如最终的结果是他们与伴侣进入控制与反抗的关系，那么通常这些人非但没有成为真正的情感引领者，反而成为情感拯救者。

情感引领者与情感拯救者之间有着五个巨大的区别，也直接决定了他们在情感中创造出不同的结果。

第一个区别：情感引领者因为真正的爱而接纳所发生的一切，甚至可以放手；而情感拯救者因为恐惧而持续付出、自我牺牲、隐性控制，却无法放手。究其根本，情感拯救者其实才是更需要这段关系、更需要在这段关系中寻找自我价值感和优越感的那个人。

第二个区别：情感引领者不会像情感拯救者那样给伴侣贴标签、下判断。作为觉醒的引领者，他们理解意识是如何运作的，也知道一个人的多元和伟大。他们不会给伴侣贴上消极的或者狭隘的标签，他们知道那是非常不明智的，只会强化伴侣不合作或者继续偏差的行为。

第三个区别：情感引领者有着非凡的沟通能力，他们通常能够与伴侣进行主动的、前置的、正向的、充分的沟通，并达成共识；而情感拯救者容易主观地判断伴侣需要什么，应该为伴侣做什么，导致伴侣感到被动、不被尊重、不被理解，自然无法得到伴侣的积极回应。

第四个区别：情感引领者的生命能量很高，这种高能量可以支持他们在与伴侣的挑战和矛盾中，以身作则地示范爱的正向回应；而情感拯救者自己的生命能量并不高，也并不稳定，很多时候他们会被低能量的伴侣影响，以至于让伴侣觉得拯救者并没有资格引领自己。

第五个区别：情感引领者尊重他们的伴侣，这种尊重让伴侣从内在升起价值感，并愿意与情感引领者合作；而情感拯救者表面上尊重他们的伴侣，其实是在隐性地挑剔、指责和贬低他们的伴侣，而这些挑剔、指责和贬低会伤害伴侣，自然也很难得到伴侣的认同与合作。

总之，情感引领者会带领伴侣去往更高级的亲密关系和生命状态。而在情感拯救者的认知里，伴侣要么是受害者，需要被持续拯救，要么是迫害者，辜负或消耗他们的爱。

11

迷恋一个人，还是爱一个人？
迷恋与爱的五大区别

如果你刚刚遇到一个人或者和一个人相处不久，就觉得他非常完美，并对他产生了非常强烈的情感，那么你要小心了。因为这并不是爱，而非常有可能是迷恋，甚至是不健康的迷恋。

我们经常把迷恋和爱混淆在一起，以至于当不健康的迷恋破灭时，我们会把账算在爱的头上，对爱产生恐惧或彻底失望。然而真相是，我们可能都未曾经验过真正的爱。爱与迷恋之间，其实有着五个本质的区别。

区别一：爱基于了解，迷恋基于理想化。如果不了解一个人就和他建立亲密关系，一方面我们并不爱自己，另一方面我们也不知道如何爱他。迷恋中的人会主观地把对方理想化为可以满足自己一切需求、解决自己所有问题的人。

区别二：爱慢慢培养，迷恋心急火燎。爱是两个人之间发生的一种非常高级且深刻的关系，它是在两个人共同创造幸福并超越挑战的过程中慢慢地培养起来的；而迷恋中的人会心急火燎地确立关系，然而在关系确立后，却不知道该如何继续经

营关系。

区别三：爱把伴侣当人，迷恋把伴侣当作私有财产。在爱的五种能力中，一个非常重要的能力便是尊重——既尊重自己作为一个独立个体的意愿，也尊重伴侣作为一个独立个体的意愿；而迷恋中的人往往会不择手段地想把伴侣据为己有。

区别四：爱安全而喜悦，迷恋焦虑而崩溃。当我们理解自己，也理解伴侣，尊重自己，也尊重伴侣，并和伴侣慢慢地培养彼此之间的爱时，两个人的整体感受是安全的、笃定的、平静的和喜悦的；而迷恋因为缺乏理解和尊重，通常是焦虑的、失望的、愤怒的、崩溃的。

区别五：爱源于成长，迷恋困于伤痛。越是有过心灵创伤、成长中缺乏爱、以自我为中心、不懂得爱是什么且缺乏爱的能力的人，越容易迷恋上另一个有着相同内在伤痛的人；而爱是由两个走出心灵创伤、拥有自爱能力和爱他人能力的人在成长中共同创造的。

12

小我的爱很普遍，真正的爱很稀有
——它们之间的六个区别

　　我们对于爱其实是有恐惧、纠结和愤怒的。因为在原生家庭或过往亲密关系中所体会到的爱，普遍是小我的爱，而非真正的爱。当然，小我的爱有时也会表现得很热烈、很亲密，但它与真正的爱之间有着六个本质的区别。

　　区别一：小我的爱来源于我们自身的恐惧、匮乏、不自信、贪婪和欲望；真正的爱源于我们底层的勇气、智慧、慈悲和富足。

　　区别二：小我的爱会把对方当作一件可以炫耀的物品；真正的爱接纳对方如其所是的样子，并支持对方活出生命的更高版本。

　　区别三：在小我的爱中，我们要求对方无条件满足我们单方面的需求；而在真正的爱中，我们和伴侣通过沟通和达成共识，制定和实现属于彼此的共同目标。

　　区别四：在小我的爱中，我们会把自己的伤痛和不安投射到伴侣身上，认为是伴侣造成了这些；而在真正的爱中，伴侣都能意识到对方只是镜子，而自己要为自己的疗愈与成长负责。

区别五：小我的爱会尝试改变、控制，甚至威逼利诱对方以我们喜欢的方式行事；而真正的爱尊重对方的自我意志与自我表达，即"我是爱你的，但你是自由的"。

区别六：小我的爱会衡量对方是否达到我们的期望，满足我们的需求，符合我们的喜好；而真正的爱把对方当作一个人类同伴，重视他的期望、需求和意愿。

虽然真正的爱非常稀有，但它依然是伴侣双方和每一个生命个体所渴望的进化方向。当我们能越来越多地感知和付出真正的爱，就意味着我们越来越勇敢地从恐惧的小我状态迈入满足的本我状态。

13/

开始一段新感情，
更要注意彼此的四种情感旧模式

一段全新的感情总是让我们激动不已、满怀憧憬。然而在大部分情况下，我们依然会采用过往长期形成的根深蒂固的情感旧模式与新的伴侣相处。又因为大部分人在原生家庭和过往亲密关系中遭遇过创伤，使得他们更擅长以这四种情感旧模式应对情感中的问题。

第一种情感旧模式：讨好和牺牲。在原生家庭和过往亲密关系中遭遇过霸凌的人，在与新伴侣的相处中，大概率也会通过自我牺牲和过度付出来讨好对方，从而陷入一种过度消耗的状态。

第二种情感旧模式：压抑和隔绝。一些人在情感中受伤后，会陷入一种隔绝情感的状态，表现出异常理性、完全没有同情心和同理心的样子；另一些人则会通过装作一切都好的方式压抑真实情感。

第三种情感旧模式：回避和切断。那些过去遭受过伤害、遗弃或背叛的人，通常会紧紧关闭自己的心门，把伴侣拒之心门之外，用这样的方式保护自己。稍有风吹草动，也会率先提出分手。

第四种情感旧模式：操控、攻击或恐吓。那些总是发脾气的人很可能从小在与养育者的互动中，学会了用情绪操控、攻击或恐吓的方式来保护自己或得到自己想要的东西。

一段感情开始的阶段，是伴侣双方能够觉察和改变这些情感旧模式的最好时机。通过真诚的沟通、有效的疗愈和创建适合彼此的情感新模式，两个人将在亲密关系中迎来一次重大的心灵升级。

压抑和隔绝　回避和切断　四种情感旧模式　讨好和牺牲　操控、攻击或恐吓

14

自卑的人控制伴侣，自爱的人影响伴侣
——控制与影响的五大区别

亲密关系是评估一个人心灵健康程度和生命发展水平的绝佳道场。心灵健康程度和生命发展水平的差异，决定了关系的品质。一些自卑的人会倾向于刻意地控制自己的伴侣，而一些自爱的人则倾向于自然而然地影响自己的伴侣。控制与影响之间，存在着五个本质的区别。

第一个区别：控制源于恐惧，影响源于爱。控制和影响的内核是不同的，内在存在心灵创伤，对亲密关系有恐惧和限制性信念和认知的人，容易以操控他人的方式来满足自己的安全感。然而内在越是缺乏安全感，越是试图控制，进而徒增更多的失控和更多的内在伤痛。

第二个区别：控制源于自卑，影响源于自尊。前不久的课程中，有位小伙伴分享了从母亲那得到的一个婚恋建议：找一个你把控得住的人。是的，这听起来的确是一个非常正确的策略，但试想，如果这位母亲不是自卑的，或者曾在亲密关系中感受过被尊重，她是否还会对自己的孩子给予这样的建议呢？

第三个区别：控制源于制约，影响源于平等。通常以操控的策略对待伴侣的人，在其前任或重要伙伴那里，或在原生家庭和早年成长环境中，未能体验过平等共赢的关系，而更多是单向的、被操控的制约关系。他们被困在要么被他人制约、要么制约他人的有限选择中。

第四个区别：控制滋生贬低，影响表达欣赏。如果伴侣是一个可以被我们控制住的人，我们真的能够发自内心地欣赏他、敬佩他、崇拜他吗？恐怕我们只是强化了一系列的糟糕信念：周围的人都得依靠我，如果我垮了，没人能照顾我；对方永远是个不成熟的"孩子"，而我永远是一个得不到爱的人。

第五个区别：控制消耗能量，影响激发成长。相比自卑的人把生命能量更多用于控制他人，自爱的人则更关注自己的心灵健康程度和生命发展水平。当自爱的人成长了，能量更高了，他们的生命状态自然会影响和激发伴侣的改变和关系的变化。成为一个更好的自己，远比控制一个弱者更有建设性。

如何区分关系中的保护与控制？
六个方面的觉察

　　一些人抱怨总是感觉被控制；一些人痛心于那么爱一个人，竭力保护一个人，却不被领情，反而误会自己爱控制。无论在亲密关系中，还是在亲子关系中，这都是非常普遍的一种矛盾。比如伴侣或孩子晚归，我们会焦急地催促他们赶紧回来。我们到底是想保护他们，还是想控制他们呢？

　　想要区分亲密关系中的保护与控制，可以从以下六个方面来觉察，而且作为保护或控制的实施者，这份觉察必须由自己完成。

　　觉察一：这个行为基于我们对对方的关爱，还是基于我们底层的恐惧？

　　觉察二：这个行为是出于一种爱的表达，还是想把我们的习性强加给对方？

　　觉察三：这个行为是增进彼此之间的感情，还是让对方感到被侵犯或攻击？

　　觉察四：这个行为是让对方感到被尊重和被信任，还是让

对方感到无法做自己?

　　觉察五：这个行为是双方结合实际合理协调的结果，还是单方面制定的固化的规矩?

　　觉察六：这个行为是提升了对方的安全感，还是为了满足我们的安全感?

　　如果答案是前者居多，那么我们的动机倾向于保护；如果答案是后者居多，那么我们的动机倾向于控制。无论如何，请记得爱是一种共识，而不是单方面的行为。当双方能公平地参与一件事的感知和决策时，基于爱的保护才会发生。

16

受伤的人情感隔离，自爱的人设立边界
——两者之间的五个本质区别

在亲密关系中，情感隔离和情感边界是两个经常容易被混淆的概念。我们通常认为在设立情感边界的时候，就是在进行情感隔离，这会把我们爱的人和爱我们的人推开。但实际上，情感隔离和情感边界之间，有着五个本质的区别。

第一个区别：情感隔离让我们成为亲密关系中敏感而惊恐的受害者，导致无法深化和发展关系；而情感边界增进伴侣之间的理解和尊重，并在达成共识和共同成长中，深化两个人的关系。

第二个区别：情感隔离是隔绝所有人和所有情感，包括爱；而情感边界是让我们对不适合的、具有破坏性的人和行为说不，却依然可以向美好的人敞开心扉，接受爱和付出爱。

第三个区别：情感隔离制造我们与自己内心、伴侣和整个世界的全方位隔绝；而情感边界在我们与自己、伴侣和世界的相处中，创造了一种联结与平衡的状态。

第四个区别：情感隔离是我们出于恐惧的一种过度防御，

而情感边界是我们出于勇气的一种合理保护。如果我们对一段亲密关系的感受是悲观和焦虑的，通常会进行情感隔离，而如果我们的感受是乐观和积极的，通常会合理设立情感边界。

第五个区别：情感隔离是我们的过往心灵创伤未被疗愈和转化的迹象，而设立情感边界是我们的自尊和自我价值感觉醒的表现。能够和敢于设立、守护情感边界是特别重要的一种爱的能力，同时在这个过程中也教会了对方爱与尊重。

所以我们说：受伤的人习惯情感隔离，自爱的人能够设立情感边界。

17

幸福的人创造幸福的关系，
不幸福的创造不幸福的关系

　　幸福的人创造幸福的关系，不幸福的人创造不幸福的关系。这是我经常提醒大家觉察，以发现亲密关系核心问题的一句话。

　　关系是由人创造的，人的品质直接决定了关系的品质。如果伴侣双方想要创造幸福的关系，请先评估一下彼此是不是一个幸福的人，是否拥有幸福的能力，包括彻底走出过往亲密关系的创伤。否则两个看起来很幸福的人，依然会因为过往亲密关系的创伤引发应激反应，创造相互伤害、异常受苦的关系。

　　如果伴侣双方都是不幸福的人，除了会无意识地重复不幸福的生命模式外，还会把不幸福施加在彼此甚至孩子身上，创造更加不幸福的家庭关系。

　　如果伴侣一方是不幸福的人，则通常需要另一方去补偿、拯救、过度关爱他，这会极大消耗另一方的生命资源和能量。当这些资源和能量被消耗殆尽，亲密关系也很难发展下去。

　　只有伴侣双方都是幸福的人，最起码是愿意共同成长和有自我关爱意识的伴侣，才有可能带着觉知不断地提升彼此幸福的能力，共同成长。而当双方都具备幸福的能力，亲密关系自然会朝着幸福的方向发展。

18

大部分人善于破坏信任，少数人能够建立信任
——信任的五个要素

你知道自己赢得他人信任的能力究竟如何吗？

在一次课程中，一位小伙伴表达说，伴侣总是不信任自己。我问他：你知道如何赢得伴侣的信任吗？他略加思索后，真诚地摇了摇头。

是的，也许在过往我们并未有机会学习甚至思考如何赢得他人的信任，以至于无论在亲密关系、亲子关系，还是在团队关系中，我们总是焦虑不安，缺乏真正的联结感和归属感。

人与人之间的信任基于五个要素：平等、诚实、沟通、跟进和感恩。平等而不是凌驾于他人之上，强势只会得到屈服和愤怒，而不是信任。诚实让彼此能够基于真相来解决问题，而不是以假象掩盖问题。沟通意味着邀请他人参与决策，而不是一个人闭门造车。跟进让过往悬而未决的问题最终得到落实，让彼此解决各自的问题和有信心推进关系。感恩是对他人所付出的努力给予真心的鼓励和嘉奖，同时提升他人的自信和价值感。越是自信和有价值感的人，越会信任他人。

　　那位小伙伴意识到除了平等，自己在其他四个方面都不尽如人意，以至于让伴侣愈发焦虑不安而不信任自己。大家也可以评估一下自己赢得他人信任的能力，并邀请伴侣共同有意识地觉察和提升亲密关系中的信任品质。

19

爱情总是很短暂，而爱可以很长久

爱情和爱其实是亲密关系的两个阶段。

爱情其实是亲密关系的前戏。命运安排我们遇见一个人，于是我们跟对方有了各种各样的交互，或者我们对对方一见钟情，一眼就确认自己喜欢对方，想靠近对方，想在身心层面和对方融为一体。这本身没有任何问题，也非常美好。爱情所迸发的巨大生命力和吸引力让两个生命个体走在一起，创造各种各样新的体验，体验到前所未有的新鲜感和幸福感，也构建了属于彼此的亲密关系。

而爱则是亲密关系的内核。当一段亲密关系被确立，两个人被爱情驱动走到一起，并享受了一段时间的新鲜感和幸福感后，就会进入真正的爱的领域。但因为非常多的人不具备爱的能力，使得亲密关系就只能停滞在爱情的层面，最终随着爱情的退潮而消散。

可以说，当两个人在亲密关系中遇到矛盾、挑战和问题的时候，才慢慢进入爱的阶段，考验彼此爱的能力才真正开始。

双方是否能够在矛盾中通过沟通，达成共识；是否能够在挑战中通过协作，超越困难；是否能够在问题中通过探索，疗愈伤痛，共同成长——这些都是在考验彼此爱的能力。当两个人不具备这些能力时，矛盾、挑战和问题将会快速消解双方在爱情阶段积累的好感，直到好感清零甚至降为负值，彼此心生厌恶，一拍两散，永不再见。

这些都还只是爱在亲密关系中的一个面向。爱的另一个面向是两个人是否知道：如何在彼此之间创造更多爱，如何持续地向彼此提供情绪价值，如何鼓励和激发彼此成长，如何以适合彼此的生活方式共同生活，如何在家庭层面不断实现两个人的共同目标，如何孕育和培养下一代，如何贡献社会和世界，等等。

由此可见，爱情和爱是亲密关系中的两个不同阶段，很多人因为并不具备爱的能力而只能体验短暂的爱情，只有少数人因为具备爱的能力而建构了健康、深入、高品质和持续发展的亲密关系。

爱情是一种情绪，爱是一种生命状态

我曾遇到一位小伙伴，说她在与伴侣经历了两个月的炙热恋爱后，因为突遭一次重大挑战，感情濒临解体。她感慨那时两个人那么好，为什么突然就成了现在这个样子。

强烈的好感和迷恋，也许可以开启一段亲密关系，而真正能够让这段亲密关系持续发展的，是伴侣双方稳定且不断提升的生命状态。如果无法理解到这一点，再热烈的情感都会因为情绪的衰退和生命状态的停滞甚至下滑，而走向衰亡。

恋爱或者更准确地说是热烈的约会，确实可以由短暂而强烈的情绪所创造；而当两个人在相处中遇到苦难和挑战，或者希望把这种美好的相处从短期的体验转化为长期的稳定体验时，仅有短暂而强烈的情绪显然是不够的，更需要两个人稳定的生命状态来实际支持。当两个人都活出了幸福、喜悦、智慧、富足、自在和勇敢的生命状态时，自然会用这些美好的能量滋养彼此，并有能力在超越各种挑战后，升级彼此的生命状态和关系。

爱情是一种情绪，爱是一种生命状态。对于两个期待发展深度关系的人来说，不仅仅要关注彼此的情绪感受，更需要觉察彼此是否活出了爱的生命状态。本质上，正是这种爱的生命状态提供了亲密关系持续发展的动力。

21/

真爱的五个迹象超乎很多人想象

我们是否希望找到一个完美的人作为伴侣呢？我们是否期待伴侣爱我们超过爱他自己，甚至愿意看到伴侣以牺牲自己来证明对我们的爱呢？我们是否认为我们就应该占据伴侣生命的全部，至少是大部分，才算真爱呢？我们是否渴望完全地相互占有、紧紧缠绕，一生都像热恋中的状态一样呢？

以上也许是很多人对于亲密关系的理想模样，或是恋爱初期的热切渴望，但这些并不是真爱的迹象。真爱的五个迹象超乎很多人想象。

第一个迹象：双方有着共同的追求和愿景。这些追求通常超越了双方自身的需要，几乎是利他的，比如养育孩子、贡献世界等。高维的人生追求能让两个人享受持续发展的关系。

第二个迹象：双方愿意共同面对冲突和挑战。双方作为一个团队，在面对冲突和挑战的过程中更多地收获成长，而不仅仅是享受对方带来的满足和便利。

第三个迹象：双方有着最为紧密的联结，却以最尊重彼此的方式相处。双方依然尊重彼此的个人边界、追求和资源。个体的完整性是集体共荣的前提。

第四个迹象：双方能够真实地做自己，接纳彼此的优点和不足，而不是伪装和维持一个所谓完美的形象。真实比完美更有力量。

第五个迹象：双方愿意敞开心扉，坦诚相待。真诚与真爱成正比，与恐惧成反比。彼此之间越真诚，不安全感会越低，而归属感会越高。

22/

爱，不是"如我所愿"，而是"如你所是"

爱，不是"如我所愿"，而是"如你所是"。亲爱的小伙伴是否相信世间存在这样的爱呢？是否亲身体验过这样的爱呢？你和伴侣是否相互给予了这种高品质的爱呢？

的确，对于那些自打出生以来，连从父母那里都没有体会过这种爱的小伙伴来说，这听起来更像天方夜谭。而且我们更有可能从父母或其他人类同伴那里学会了"如果你爱我，就应该如我所愿地满足我"。与此相反，我们不太在乎对方如其所是的存在本质，甚至如果对方的所作所为和我们的需求相冲突，我们还可能不遗余力地想要改造对方，竭尽全力地想要镇压对方。

以这样的逻辑，亲密关系似乎真的变成了一场永世不得翻身的侍奉。为了得到爱，我们需要成为一个任劳任怨、无私奉献的"养育者"，一盏有求必应的"阿拉丁神灯"，一个供给伴侣所需一切的"宿主"，在这个过程中我们慢慢失去自己、压抑自己、消耗自己、牺牲自己，直到最终我们忍无可忍、

给无可给，不得不推翻或远离这段关系。

无论我们是否相信或者体验过"如你所是"的爱，这样的爱都是值得我们向往和追求的，值得去体验和成为的。亲密关系本身就是彼此真我的保留区和栖息地。如若不然，亲密关系将名存实亡。现实中也正是因为缺乏这种品质的爱，所以很多的亲密关系其实是假性亲密关系、利益或交易关系、养育关系或搭伙过日子的一种生存合作。

爱不是"如我所愿"，而是"如你所是"。接纳并拥抱伴侣的存在本质，用爱、慈悲和理解去浇灌那个存在，而不是为了索取去否定和镇压那个存在。只有当彼此的存在本质被接纳，爱才会在彼此的心田中生根发芽。如果我们渴望这样高品质的爱，也请给出这样高品质的爱，包括接纳自己的全部。

不确定伴侣是否爱你？
先确认一个更关键的问题

经常有小伙伴困惑于伴侣是否爱自己。其实这是一个次要问题，而主要问题是：伴侣是否拥有爱的经验和能力。爱不爱是意愿问题，而会不会爱、能不能爱则是能力问题。抛开能力谈意愿，基本上是一种空谈，就好像一个自己还未幸福的人宣称要给你幸福。

所以，一个更关键的问题是：你或者你的伴侣拥有爱的经验和能力吗？

接下来，我们来回顾一下在以下四个培养爱的能力的重要场景中发生了什么：

第一个场景是我们的家庭。父母是孩子第一任也是影响最重大的生命导师。父母之间是否相爱、是否幸福，直接决定了孩子能否形成对亲密关系的积极态度以及是否具备爱的能力。遗憾的是，很多家庭非但没有能够赋予孩子爱的能力，反而会以爱之名伤害孩子，导致孩子恐惧爱和亲密关系。

第二个场景是学校。学校里要么没有开设爱和亲密关系

相关的课程，要么压制或错误处理青春期孩子对亲密关系的探索。

第三个场景是过往的亲密关系。如果可能的话，请伴侣讲讲他的感情经历，讲讲他对历任伴侣的评价，我们大概就会知道他从过往的亲密关系中是有所收获和成长，还是被糟糕的关系和前任摧毁了他对亲密关系的信心。

第四个场景是社会。觉察一下，我们在工作场所是否有机会学习和培养爱的能力，我们在大众媒体上所接收的有关亲密关系的信息是正向的还是负向的。

大多数的人类同伴只是在表面上效仿着其他人类同伴恋爱或相爱，却并未真正发展出爱的能力，更无法深刻感受高品质爱的关系到底是怎样的。就这样，很多感情稀里糊涂地开始，莫名其妙地终结。

问问自己，你真的拥有爱的能力吗？再想想你的伴侣，他真的拥有爱的能力吗？哪怕你们已经成年，哪怕你们已经生儿育女，哪怕你已经获得了一定的社会成功。

24

高品质的亲密关系
通常蕴含三个要素

并不是所有的亲密关系都是真正的亲密关系，或者说是高品质的亲密关系。高品质的亲密关系通常具备以下三个要素。

第一个要素：共同的目标。共同的目标比彼此的承诺更有能量。承诺基于责任和担当，而目标基于创造和实现。共同的目标引领着两个人在亲密关系中精诚合作，彼此赋能，创造个体无法创造的生命结果。它体现在：伴侣双方对爱与亲密关系的意义有着共同的认知；伴侣双方能够通过真实的沟通，相互分享彼此的内在需求和意愿；伴侣双方相互尊重彼此的边界和意愿；伴侣双方能够不断地设定正向的目标；伴侣双方对人生目标有高度共识，并愿意携手实现共同的人生目标。

第二个要素：持续的成长。生命是在不断变化的，感情也一样，再炙热的感情也会因一成不变而失去能量。所以伴侣双方只有持续地成长，才能形成对彼此源源不断的吸引力和关系发展的持续动力。它体现在：伴侣双方感到彼此非常有吸引力；伴侣双方不会用固化的认知限制对方；伴侣双方感叹，每过一段时间他们都好像共同完成了一次升级；伴侣双方通过共同的学习和成长，持续保持同频；伴侣双方愿意面对各自的生命议题，超越挑战后，收获更坚实而有力的人生伙伴关系。

　　第三个要素：真正的亲密。这里的亲密主要体现在心灵层面，而不仅仅是身体或生活中的亲密。这意味着伴侣双方把彼此视为世界上最亲近的人。它体现在：伴侣双方有着温暖而融洽的关系，伴侣可以从彼此那里得到足够多的情感支持，伴侣双方非常重视彼此，伴侣双方能够真正地理解彼此，伴侣双方真诚地接纳彼此。

以结婚为目的的恋爱未必幸福，
以恋爱为目的的婚姻才会幸福

我想邀请大家感受"恋爱"和"婚姻"这两个词，并觉察到底是"不以结婚为目的的恋爱是耍流氓"，还是"不以恋爱为目的的婚姻才是耍流氓"。

要弄清这个问题，我们需要重新理解"恋爱"和"婚姻"这两个词的含义。

恋爱意味着两个人之间健康的依恋关系和持续的相爱赋能。与大部分人所认为的短期约会和甜蜜相处不同，恋爱其实是两个内在健康、拥有爱的能力的人不仅能让自己幸福，还能支持另一个人幸福的表现。它是一种相对稳定又不断升华的生命状态。

而婚姻意味着两个人之间的亲密关系得到了法律的认可与保护。与大部分人所认为的一个人对另一个人终身负责或是搭伙过日子不同，婚姻其实是两个人愿意携手同行，持续地恋爱，升级恋爱，不仅爱彼此，还爱彼此身边和身后的家人与朋友，并在这个过程中，繁衍后代，幸福生活，赋能彼此成为更好的人。这种状态本身就是恋爱，如若不以这样的状态经营婚姻，婚姻的意义又是什么呢？

恋爱是一种生命状态，我希望大家与自己有良好而稳定的恋爱关系，与伴侣有良好而发展的恋爱关系，与整个世界有良好而长期的恋爱关系。恋爱是一切真正意义上的亲密关系的基础，包括婚姻关系。而婚姻是在恋爱状态下的一个创造，一个里程碑，一段最重要的恋爱的生命旅程。

所以，不以恋爱为目的的婚姻才是耍流氓。那些本末倒置只重表面和形式的伴侣，通常因为不具备爱的能力而无法维持稳定、发展的恋爱关系，进而在婚姻中迷失方向。

26

如果一个人爱你，他会接纳真实的你
——这是爱的本质

我们也许会被一些人喜欢，会被一些人迷恋，会被一些人期待能和我们长相厮守，但这些都还不能算作真正的爱。

想一想，无论是被喜欢、被迷恋还是被期待，其实都是从他人的角度和需求出发。当我们让一些人产生喜欢的感觉时，他们就喜欢我们；当我们让一些人产生迷恋的感觉时，他们就迷恋我们；当我们让一些人产生对未来的憧憬时，他们就愿意和我们长相厮守。这些都和他们有关，和满足他们的需要有关，却和我们无关，最终也并未触及爱的本质。

也许有人会说，在这个过程中，对方确实对我很好啊，对方也确实为我付出了啊，我也确实在这个过程中感受到爱了，在这个过程中受益了，或者得到了我想要的东西。从这个角度说，这确实是一段良性的、双赢的关系。但如果我们未能在一段关系中感受过全然地被接纳，或者尽可能多元地被接纳，我们最终是无法充分地感受到被爱的。

如果一个人爱你，他会接纳真实的你。接纳是爱的本质，没有什么比被一个人全然地接纳更能让我们充分感受到爱的。接纳也是爱的根系。在接纳的基础上，理解、尊重、欣赏、支持和各种创造性的表达才能得以健康地流露。

27/

四种眼神交流揭示爱是否存在

眼睛是心灵的窗口，伴侣之间的眼神交流，是爱与联结的重要迹象。以下四种眼神交流，预示着爱是否存在。

第一种：目光注视。无论是长时间注视伴侣，还是狡黠而快速地看一眼伴侣，不管有没有被对方发现，这都是爱的迹象。

第二种：瞳孔扩张。这是一种极其微妙的信号。当我们对一个人有生理欲望或被对方吸引时，我们的瞳孔就会扩张。

第三种：眼里有光。我们可以扬起嘴角假装微笑，但眼神中的光亮却无法伪装，它更真实地反映了一方对另一方是否有积极的感受。

第四种：相互凝视。这是伴侣之间非常可靠的相爱信号。只有彼此敞开心扉，且彼此感到安全和信任的伴侣才能做到这一点。

chapter 2

心灵品质与关系品质

伴侣彼此了解的程度，就是彼此相爱的程度

评估两个人是否真正相爱的一个重要参考标准，是看两个人是否真正了解彼此。我们从两个方面来看一下为什么彼此了解如此重要。

一方面，伴侣双方是否有意识去了解彼此，反映了彼此是否相爱，以及是否拥有爱的能力。一些伴侣只是单方面地享受对方爱自己，根本没想过去了解对方，这显然不是爱；还有一些伴侣不了解对方，只是一味地用自己习惯的方式对待对方，这也意味着他们爱的能力有待提升。

另一方面，伴侣双方是否愿意被了解，也反映了彼此是否相爱，以及是否拥有爱的能力。一些伴侣只想在一段关系里得到自己想要的东西，得到后希望尽快脱身，被对方了解得越少，自己越安全，这显然不是爱；还有一些伴侣无法敞开心扉，回避伴侣之间深入的心灵交流，这也意味着他们在爱的能力方面因重大的创伤、恐惧而有缺失。

爱是一种基于彼此了解的深刻共鸣。伴侣彼此了解的程度，就是彼此相爱的程度。

2/

情感成熟的伴侣是健康关系的前提
——情感成熟的五个特质

大部分亲密关系中的挑战，缘于伴侣一方或双方在情感上的未成熟。好的时候特别好、不好的时候特别不好，就是情感未成熟的伴侣在亲密关系中的一种典型体验。而情感成熟的伴侣则因为以下五个特质，可以持续地深化和发展亲密关系。

特质一：拥有解决问题的能力。情感未成熟的伴侣会把问题当作彼此持续争输赢的手段，他们竭尽所能地击败对方，赢得战争，夺取控制权；而情感成熟的伴侣把问题当作彼此持续精进的机会，他们通过聆听、理解、沟通和达成共识，解决问题，超越挑战，收获成长。

特质二：可以合理地控制情绪。情感未成熟的伴侣会无意识地向外发泄情绪，给对方造成巨大的压力甚至伤害；而情感成熟的伴侣知道情绪是一种能量，他们善于运用这种能量，实现有益于生命发展、有利于彼此亲密关系的目标。

特质三：可以进行深层的交流和联结。情感未成熟的伴侣通常只会就物质层面和外部世界进行交流和联结，而情感成熟的伴侣还可以就心灵层面和内在世界进行交流和联结。

特质四：尊重自己和对方的边界。情感未成熟的伴侣会经常因为焦虑、恐惧或情绪崩溃，持续侵犯对方的边界，干扰和破坏对方的生命状态；而情感成熟的伴侣拥有良好保持自我边界的能力，从而维护自己稳定的生命状态，并尊重对方的边界。

特质五：拥有同理心，从而理解对方。情感未成熟的伴侣只能从自己的视角思考问题，只是在爱对方的时候给予最大程度的让步和包容；而情感成熟的伴侣能够换位思考，了解对方的处境，这为他们能够通过沟通，真正解决问题奠定了基础。

3/

如何判断伴侣是对的人？
五种心灵属性比物质条件更重要

大部分人对于伴侣的物质条件有着清晰的标准，却对伴侣的心灵属性一无所知。关注物质条件没有任何问题，而且会让两个人的关系发展有一个较好的起点。然而，彼此的心灵属性，才能决定两个人的关系走得多深、多远。

很多小伙伴说自己的恋爱和婚姻陷入了一种看起来很幸福，实则非常空虚、脆弱和没有归属感的怪圈。这通常和伴侣的心灵属性有关。以下的五种心灵属性，将帮助大家识别所交往的人是否适合作为人生伴侣，长期发展。

心灵属性一：联结感。联结感意味着两个人能够轻松、自在且有安全感地互动。恋爱分为恋和爱两个阶段。恋代表健康的依恋关系，指的就是联结感；在健康联结的基础上，爱得以蓬勃发展。关系的本质是联结，联结的品质决定关系的品质。

心灵属性二：复原力。每个人都有情绪、能量低落、遭遇巨大压力、挫折的时候，两个人也可能因为关系里的冲突和矛盾而同时陷入负面情绪爆棚或内在能量低落的状态，拥有复原力的伴侣能够较快地调节自己的状态，带领自己和对方一起走出困境，快速恢复至正常的生命状态。

心灵属性三：心胸豁达。心胸豁达的伴侣有两个重要的表现：一是他们不会固执己见，能够从对方或者更多元的视角理解问题，也不会因为一件小事而抓住不放或钻牛角尖；二是他们通常对生命有更多面向的体验和探索，不会因为一件小事，就宣称和断言彼此三观不合。

心灵属性四：意义与目的。问问你的伴侣，他生活的意义和目的是什么。这比问他做什么工作、赚多少钱更能让你了解他。再问问自己，你生活的意义和目的又是什么。如果你不想要一种无意义和无目的的关系，那么请关注彼此是否在有意义、有目的地生活着。

心灵属性五：利他之心。一个人穷其一生只为自己幸福，依然会感到自卑。因为他的人生不管多成功，依然局限在自己那么一丁点儿大的空间中。而拥有利他之心的人，通常超越了小我，活出了真我，并在帮助他人的过程中活出高我。我们敬佩这样的伴侣，并愿意被这样的伴侣引领和激励。

4

外貌和收入无法比拟的
好伴侣的五个内在品质

会有很多小伙伴咨询择偶标准的问题，从他们的分享中我发现一个奇怪的现象：每个人都想要一个好伴侣、一段幸福的关系，然而很大一部分人的择偶标准其实与"好"和"幸福"没有太大关系。

幸福的关系是由两个身心发展程度较高，且能够产生共鸣的伴侣共同创造的。相比外貌、学历、收入、地位等外部条件，好伴侣的五个内在品质更为重要，拥有这些品质的伴侣更有可能创造真正幸福的关系和生活。

品质一：同理心和慈悲。缺乏同理心和慈悲的人类同伴大多还被困在过往伤痛所导致的自卑中，过度的痛苦让他们无暇顾及伴侣的受苦，或者他们在一个缺乏爱的、充满竞争和操控的环境中长大，认定人不重要，事情更重要，财富更重要，成功更重要。

品质二：稳定而积极的情绪。情绪是一个人心理健康程度最直观的晴雨表。如果伴侣的情绪总是大起大落，或者长期处于恐惧、焦虑、抑郁、悲观、失落、绝望等负面情绪中，可想而知他们正在心灵的受苦中无助地挣扎着。

品质三：勇于道歉和承担责任。承认自己的问题和缺点，并勇于道歉和承担责任是择偶中被普遍低估的一个重要品质。心灵成熟、高度自尊和尊重他人的伴侣能够做到这一点，相反心灵不成熟、自卑或自恋、不尊重他人的伴侣则总是在推卸责任，指责别人。

品质四：高品质的陪伴。时间和注意力成为越来越稀缺的资源，在亲密关系中也是，它们同样检验着一个伴侣的生命发展水平。如果他自己都要面对巨大的压力，没有时间爱他自己，或者他自己都因为伤痛和恐惧而无法打开心扉，更别奢求他高品质的陪伴了。

品质五：值得信赖和可靠。一个拥有自爱能力并活出了热烈生命状态的人，就像太阳一样，会让他的伴侣和身边的人感到安全、可靠、值得信赖。

5/

成熟的伴侣凭借这三个智慧，
用冲突培养感情

冲突对于亲密关系的发展有着重要的意义。避免冲突相当于屏蔽了亲密关系发展中重要的能量。很多时候，避免冲突与持续冲突对亲密关系的破坏不相上下。成熟的伴侣会凭借这三个智慧，让感情在冲突的激发下越来越好。

第一个智慧：成熟的伴侣把冲突当作情感排毒、自省成长与共同进步的契机。情感中不免会有积累的压力与压抑，健康的冲突会帮助彼此排泄这些情感毒素；同时，成熟的伴侣在面对冲突时，会向内看、向前看，而不是向外看、往回看。

第二个智慧：成熟的伴侣绝不会把冲突当作拿捏和控制对方的手段。其实，的确有一部分伴侣善于引发冲突、引导冲突，并在冲突中受益，最终达到拿捏或控制对方的目的。请记得在亲密关系中，所有一个人的胜利，最终都只是零和游戏。

第三个智慧：成熟的伴侣绝不会把冲突当作一次打击报复对方的机会。无论有多么强烈的情绪，成熟的伴侣彼此都会怀着一份仁爱之心，有分寸、有边界地表达情绪，而不是失去理智地攻击。

　　冲突意味着冲击与突破，当伴侣各自的伤痛、控制和制约经受冲击，两个人都开始有意识地做出调整，收获疗愈和成长时，他们的亲密关系自然会迎来突破。

6

一个人是否拥有爱的能力，取决于这三个方面

爱的能力与我们的富有、成功、美貌，与我们的学识、权势、地位，甚至与我们的年龄和性别都没有任何关系，它是一个相对独立的生命纬度。三个方面对爱的能力有着决定性的影响。然而，我们非常容易只看重外在的那些特质，而根本性地忽略了伴侣爱的能力，导致在进入亲密关系后，大跌眼镜、大失所望。

首先，爱的能力和一个人的整体生命状态有关，包括他的身心健康程度和生命发展水平。两者的平衡会让一个人进入名为"幸福"的生命状态。幸福的人在身心满足的情况下更容易自发地关爱他人。

其次，爱的能力与爱的受教育程度有着巨大关系，包括成长经验和教育背景。比如父母无法好好沟通，孩子自然缺乏在情感中沟通的能力；父母以爱的名义对孩子进行控制，孩子自然对亲密关系感到排斥和恐惧；过往亲密关系中伴侣带来的伤害，也非常容易让一个人对异性、对感情、对婚姻产生底层的

抗拒和绝望。当我们了解了一个人有关爱的成长经验和教育背景之后，可以更好地了解和评估他爱的能力。总之，一个人无法给出他认知、经验和能力以外的爱。

最后，爱的能力受到社会文化和集体意识的影响。自媒体上充斥着很多有关亲密关系的负面信息，比如"搞钱最要紧"的群体意识，以及一些崇尚理性，认为表达爱是低级的、脆弱的、不成熟的观念，都会让个体在有关爱的能力的探索和培养方面感到困惑。在一次的工作坊中，我们在一个 10 岁左右的孩子身上，已经看到了他对于表达爱的不自在、顾虑、逃避甚至恐惧的倾向。

7/

伴侣的这一个特质真的太重要了

大家是否有过和情绪不稳定的伴侣相处的经验呢？有没有一种要发疯、想撞墙，甚至想自我了断的感受呢？这并不是危言耸听，而是一些小伙伴在工作坊中的真实表达。

无论伴侣在其他方面有多么优秀、厉害、迷人甚至让人欲罢不能，但如果伴侣的情绪不稳定，且他们的这股能量又比较强，分分钟能让两个人都变成"精神病"。

这也并非夸大其词，因为情绪不稳定本身就是心理亚健康、心理疾病或重大心灵创伤的显著特征。

在关系的初期，我们经常试图去包容伴侣的情绪失控，或者说服自己未来情况会有好转。但事实上，除非我们有非常巨大的爱、能量和疗愈能力，否则这种情况非但无法得到改善，反而会让我们错失鼓励和支持伴侣寻求专业帮助和疗愈的最佳时机。

往后若再想提醒和帮助伴侣时，他反而会感觉我们不像原来那么包容他，那么爱他，而在情绪上闹得更凶、表现得更激烈，直到走向失控的地步，深深伤了两个人的心。

　　亲密关系中一个重大作用，就是提供给两个人安顿身心的归属感。如果任何一方或者双方的情绪不稳定，甚至经常毫无缘由地爆发，这段关系显然无法发挥这样的作用。而能够帮助伴侣的最佳时期，一定是他发病的早期，也就是亲密关系刚开始的时候。

8

遇到真爱的五个迹象，
第二个迹象尤为重要

如何判断你遇到的是真爱，而不是短期上头的迷恋呢？这五个迹象将帮助你辨明真相。

第一个迹象：对方鼓励你更好地自我实现，持续成长，追逐梦想，而不是因为恐惧失去你或想要占有你而用溺爱的方式把你惯坏和养废，甚至用各种条件威逼利诱你走进他为你定制的"笼子"。

第二个迹象：在对方面前，你可以百分之百地展现自己、做自己。每个人都有一个底层的需求，就是活出自己，并且不断提升自己。而亲密关系正是伴侣双方在走出各自的原生家庭后，开启和完成这一转化的重要场域。问问自己，可以在伴侣面前多大程度地做自己，扣分的部分就是你在这段关系中被恐惧占据的部分，而恐惧会慢慢滋生矛盾和隔离，让双方进入对抗或自我保护的状态。

第三个迹象：对方既能欣赏你的优点，也能接纳你的不足。无论你在高潮还是在低谷，他都会支持你。

　　第四个迹象：对方对待你的方式，让你更加自在、更加喜欢和爱自己。

　　第五个迹象：与对方共度的时光，让你感到开心、满足和被补充能量。

9/

两个情感成熟的人会通过三种方式
创造真正的亲密关系

关系是由人创造的，人的品质决定了关系的品质。两个情感成熟的人会通过三种方式创造真正的亲密关系。

第一种方式：两个情感成熟的人会让彼此感觉被看见、被听见和被理解。这需要伴侣双方高品质的相互陪伴、关注、聆听和沟通。也正是这些互动，让双方在关系中感受到存在感、安全感和归属感。这几乎是所有人对亲密关系的基本需求。

第二种方式：两个情感成熟的人会让彼此有信任感和信心。这既考验伴侣双方能否表里如一、真实地做自己，也考验伴侣双方能否知行合一、真正做到自己说过的或承诺的。

第三种方式：两个情感成熟的人会积极正向地面对关系中的挑战。这点特别重要，因为如果一段关系中没有挑战，也就意味着这段关系停止了成长。所以，他们明白关系中的所有挑战都是他们共同的挑战，而不是某一个人的问题。于是他们会各自提出关系的改进方案，而不是把错误怪罪给对方或把责任推卸给对方。最终，他们通过超越挑战，获得成长，升级关系。

10

最好的伴侣还会激发你呈现出最糟糕的一面

人们通常说，最好的伴侣会激发你呈现出最好的一面。其实远不止如此，最好的伴侣还会激发你呈现出最糟糕的一面。

一个人出现在我们的生命中，让我们生起爱和希望，愿意以自己最好的状态、最好的一面与之相处，这已经是非常幸福、值得感恩的事情了。

然而如果有这样一个人出现在我们的生命中，其美好的生命状态不仅激发我们呈现出最好的一面，更是用他爱的能力——接纳、理解、尊重、欣赏和支持，鼓舞我们勇敢地面对自己的伤痛、恐惧以及让我们感到糟糕、无法接纳自己的部分。这将是一段稀有且非凡的关系。

我们的伤痛、恐惧、制约、自卑和自我痛恨，并不会随着被爱或我们爱一个人而消失，它们只会暂时蛰伏起来，一有机会，便会卷土重来，毁掉我们苦心经营的人设、努力建立起的关系和来之不易的幸福。在无法真实地面对和处理这些伤痛前，我们始终都会处于焦虑和不安中。

　　一个最好的伴侣出现，意味着他将会激发我们呈现出最糟糕的一面，帮助我们看见和面对我们的这些内在挑战。不仅如此，他还会引领我们创造一段安全的、健康的、有爱和有力量的关系，陪伴和支持我们勇敢地走出这些伤痛——恐惧、制约、自卑和自我痛恨，让我们经由面对和超越自己最糟糕的一面，成为一个更好的人。

　　最好的伴侣不是评委，评判我们做得好与不好；最好的伴侣是教练，帮助我们面对做得不好的、有待提升的部分，有的放矢地疗愈和成长，活出更高的生命版本。

11

心理健康的伴侣拥有的
十个关键特征

无论是在个人生活中，还是在亲密关系中，心理健康都是根本性的基础。不健康的心理状态会导致我们在个人生活中遭遇极大的困境，就更不用说在亲密关系中维持健康的依恋关系，爱自己和爱伴侣了。

如何判断我们或伴侣是否拥有健康的心理状态呢？以下十个关键特征会给予大家一些重要的提示：

第一个特征：喜欢自己，照顾自己，接纳和爱自己。

第二个特征：不会总是苛责自己，或自我否定。

第三个特征：不嫉妒别人拥有的东西，可以为别人感到开心。

第四个特征：在人际关系中有正向的价值观和边界感。

第五个特征：关心身边的人，并愿意帮助周围的人。

第六个特征：当事情变得艰难时，继续尝试，不轻易放弃。

第七个特征：可以在生活中很小的事情里获得享受。

第八个特征：不会长时间对伤害过自己的人怀恨在心。

第九个特征：总是对生活有目标和有所期待。

第十个特质：总是对周围的人和事充满感恩。

心理健康的伴侣通常能够和自己建立非常好的关系，而且这种状态和能力通常也可以支持他们与伴侣、与身边的人和世界建立健康的关系。

12

真心相爱的伴侣之间才会出现的十种行为

很多人认为，亲密关系不过是一场利益的交换，或是一种权利的博弈。在很多的亲密关系中，这确实是一个事实，不可否认，也无须回避。即便如此，依然存在着一种非凡的、无比美妙的关系 —— 两个人真心相爱的关系。真心相爱的伴侣之间才会出现以下十种行为。看看你和伴侣之间存在几种。

行为一：承诺而不忘记，或者轻言放弃。

行为二：回应而不争论，或者对抗。

行为三：原谅而不攻击，或者惩罚。

行为四：感恩而不惜字如金，或者理所当然。

行为五：相信而不怀疑，或者摇摆。

行为六：给予而不索取，或者交换。

行为七：享受而不抱怨，或者比较。

行为八：沟通而不命令，或者控制。

行为九：分享而不恐惧，或者隐藏。

行为十：聆听而不打断，或者说教。

交易或者博弈是由大脑创造出来的关系，而相爱是由心灵创造出来的关系。超越了伤痛与恐惧，生命发展程度较高的伴侣，通过这十种行为，真心相爱。

13

理解是评估伴侣之间关系品质时
一个特别重要的信号

人们走进亲密关系的一个重要诉求，便是渴望被理解。然而并不是走进亲密关系，理解就自然发生了。

相互理解对亲密关系的品质和伴侣之间的心灵满足程度有着至关重要的影响。可以说，相互理解的伴侣，彼此的心是相联的；而无法相互理解的伴侣，彼此的心是失联的。

造成伴侣之间无法相互理解的原因主要有三个，而且这三个原因对于亲密关系的发展也至关重要。

第一个原因：伴侣并不爱对方，只爱自己。有很多走进亲密关系的伴侣，其实并不知道爱是什么，也并不具备爱他人的经验和能力。他们只是打着爱的旗号，利用对方的爱来满足自己。所有对他们有利的，他们欣然接受；所有带给他们压力的，他们原路退回。不懂爱，也不会爱的伴侣当然无法理解对方。

第二个原因：伴侣的情感创伤更严重。自我价值感低或自卑的伴侣内心非常狭隘，容易自以为是地认为只有自己是对的，其他人都是错的；情感隔绝的伴侣通常失去了聆听和交流的能力，很难理解自己，更难理解对方；情感创伤更严重的伴侣要么会极力回避对方的倾诉，要么会冷漠地认为这不算什么。

第三个原因：伴侣在情感上并不成熟。一些伴侣会因为养育环境的单一和生命经验的有限，而无法理解发生在他人身上的事情带给他人的感受，导致他们对他人缺乏同理心。与之相处时，他们要么喜欢单向输出，教导他人，要么干脆认为他人是在无理取闹。

所以在评估伴侣之间的关系品质时，理解是一个特别重要的信号。

14

五个情感细节比相互说"我爱你"更能表达爱

能够自然而流动地表达"我爱你"已经是伴侣相处中非常棒的爱的表达了。然而这五个情感细节比"我爱你"更能说明双方非常相爱。

第一个细节：愿意和你一起成长。就像每个人需要成长和进化一样，人与人创造的亲密关系，包括婚姻，也需要成长和进化，唯有如此才能保持双方的同频共振和关系的动态平衡。愿意和你一起成长的人，比宣称会一直爱你的人更有力量。

第二个细节：感知你的需求，甚至你都没有说。伴侣之间能够积极和正向地表达彼此的需求和意见值得赞许，但还是有一些非常相爱、彼此了解，更有爱的精力和能力的伴侣，能够在对方没有表达前，就感知和满足对方的需求。

第三个细节：不评判地聆听。聆听是一种非常重要的爱的能力。很多伴侣之所以前期可以很好地交流，后期却渐渐失联，就是因为彼此之间缺乏不评判地聆听。当伴侣之间感觉不到被接纳，反而是指责和说教时，心门就会关闭。

第四个细节：眼神的注视。眼睛是心灵的窗口，伴侣之间眼神的对视意味着彼此真正敞开心扉；眼睛也是潜意识的窗口，伴侣之间眼神的对视也说明彼此信任，充满安全感，过去的伤痛和矛盾被妥善化解了。

第五个细节：一心一意地相处。如今最具代表性的相爱行为，就是放下手机，一心一意地与伴侣相处和互动。使用手机时，我们的注意力会被手机带走，即使心和对方在一起，联结与共鸣的效果也会大打折扣。还有什么比爱人更值得我们关注的呢？

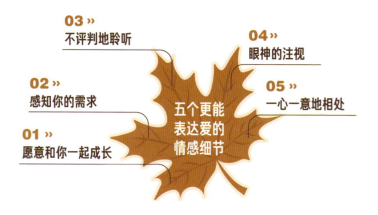

15/

只需问一个问题，便知你们关系的品质

只需要问自己或伴侣一个问题，便能够清晰地判断你们之间关系的品质：你和伴侣一直是彼此最好的朋友吗？

如果答案是肯定的，那么你们之间的关系是紧密且健康的；如果答案是否定的，无论你们对这段关系如何捆绑和用力，你们之间的关系依然是疏远而脆弱的。

可以说，伴侣关系就是最好的朋友关系。我们享受彼此的陪伴，深入地倾听和交流；我们在对方伤心和难过时，给予安慰和支持；我们在对方遇到苦难时，挺身而出；我们有着共同的兴趣和爱好，又或者支持彼此的兴趣和爱好；我们共同追逐一个梦想，或鼓励彼此追求自己的梦想；我们共同参与生活，分担忧愁。我们是世界上最接纳、理解、尊重、欣赏和支持彼此的人。正是这样的关系，支持着两个人类同伴走过艰难又美好、未知又奇妙、渺小又伟大的人生旅程。

16

含爱量高的亲密关系会带给彼此
五种心灵感受

很多小伙伴能清晰地感知到自己是缺爱的，却无法准确描述缺爱到底是一种怎样的内在感受。缺爱主要体现在五种心灵感受的缺失。而在含爱量高的亲密关系中，伴侣双方可以通过高品质的互动，弥补和重建这五种心灵感受。

第一种感受：自我价值感。伴侣双方通过推动彼此的成长和进步，激发彼此不断活出真我，支持彼此实现人生目标等，带给彼此自我价值感。

第二种感受：自尊与自信。伴侣双方通过感恩彼此的付出，表达对彼此的欣赏，肯定彼此的能力以及持续鼓励彼此等，带给彼此自尊与自信。

第三种感受：归属感。伴侣双方通过清晰而确定的关系，相互把对方介绍给自己的家人和朋友，共同生活在一起等，带给彼此归属感。

第四种感受：安全感。伴侣双方通过展现脆弱，保护和照顾彼此，在一方情绪崩溃时另一方守候在身边，信守承诺等，带给彼此安全感。

第五种感受：存在感。伴侣双方通过注视、聆听、陪伴、沟通、鼓励、欣赏及保持通讯和身体联结等，带给彼此存在感。

含爱量高的亲密关系，既是一个疗愈的场域，也是一个彼此成长与贡献的空间，伴侣双方在其中重获新生，茁壮成长。

17

在对的时间遇到对的人
——伴侣之间情感发展的四个阶段

经常有人说要在对的时间遇到对的人，是说人对了，时间不对，依然无法发展一段可持续的亲密关系。

这里的"时间"可以被理解为伴侣之间情感发展的四个阶段。这四个阶段依次是依赖期、反依赖期、独立期和相互依存期。伴侣之间所处的阶段不同，会创造不同品质的亲密关系。

如果一个人在依赖期，他会把伴侣投射为自己的养育者，而自己退化为需要被养育的孩子，开始无休止地向伴侣索取关注、照顾和爱。如果伴侣双方都处于依赖期，那他们非常有可能创造一种今天好、明天不好，两个人相互抱怨对方不够爱自己的过家家关系。

如果一个人在反依赖期，他会对伴侣对他的依赖、需求和控制异常敏感，大家常听到的回避型依恋风格的人通常就处于这个阶段。他的内在总是纠结和挣扎，感觉没有被听到、被理解，感到孤独和愤怒。他会和伴侣创造各种戏剧化的冲突或者"你追我逃"的拉扯。

如果一个人在独立期，他通常在情感上和生活上都有了一定的发展和稳定性，但是过往的心灵创伤可能依然会影响他对亲密关系的总体感受以及与伴侣之间的互动模式。因为非常注重自我边界和自我感受，他会和伴侣创造表面上看起来很好，实则内心并不亲密的互惠关系。

如果伴侣双方在相互依存期，他们通常在情感上处于更加成熟的状态。他们既不会因焦虑而依赖伴侣，也不会因恐惧而推开伴侣。而且对于伴侣和亲密关系中"好的"和"不好的"部分，他们都能呈现相互包容、理解和超越的心态。这个时期的伴侣双方更容易创造健康发展的亲密关系。

18

一段亲密关系值得向前推进的
十个要点

　　并不是所有的亲密关系都值得向前推进，即使我们觉得似乎应该往前走；更不要指望随着关系的推进，一些核心问题会自然而然地消失。在关系更进一步前，如果你对伴侣或者这段关系感到困惑，不妨看看这十个要点，它们揭示了你们是否适合进入更深的亲密关系。

　　一、伴侣和你在亲密关系、家庭经营、生命发展等层面有着共同的目标。

　　二、伴侣也在有意识地积极疗愈和成长自己，与你同频。

　　三、伴侣能够有意识地和你一起面对和超越冲突，而不是逃避冲突或推卸责任。

　　四、伴侣在你需要的时候，能够及时出现，并给予支持。

　　五、伴侣设定、认同并尊重彼此的个人边界。

　　六、伴侣和你能够真实地、清晰地、坦诚地沟通。

　　七、伴侣能够中正地看待过去的亲密关系，尊重曾经的伴侣。

八、伴侣鼓励你与你的家人、朋友保持联系，而不是要完全占有你。

九、伴侣能够做到言行一致，兑现自己的承诺。

十、伴侣能够在犯错时道歉，愿意承担相应的责任。

19

高级的亲密关系蕴含着爱的八种元素

一般的亲密关系由四种爱的元素所组成，而高级的亲密关系通常蕴含着八种爱的元素。

在一般的亲密关系中，痴迷之爱、激情之爱、新鲜之爱和熟悉之爱占据主导。痴迷之爱是指迅速对一个人上头，迫切想要和他产生联结以满足自己，甚至拯救自己；激情之爱是指伴侣之间通过身体的互动，极大满足情感和生理层面的需求和欲望；新鲜之爱是指伴侣之间分享和创造很多新鲜的沟通方式和生活体验，比如调情和旅行；熟悉之爱意味着伴侣双方经过长时间的相处后，彼此熟悉得像家人一样，以彼此习惯的方式共处。

这四种爱的元素没有什么不好，而且非常必要，但如果一段亲密关系只依靠这四种元素，便很难发展出更高级的关系。痴迷之爱通常会让人产生不健康的依赖，激情之爱会让人在新鲜感褪去后快速下头，新鲜之爱容易让伴侣的关系流于表面而无法深入，熟悉之爱会制约和阻碍伴侣的生命发展。

　　而在高级的亲密关系中，除了痴迷之爱、激情之爱、新鲜之爱和熟悉之爱以外，还存在着自我之爱、友谊之爱、成长之爱和无条件之爱。自我之爱帮助伴侣双方建立健康的边界，不断提升自己的生命状态，以达到自我圆满；友谊之爱让伴侣双方创造平等互助的关系；成长之爱支持伴侣双方持续地疗愈彼此，成长进化，贡献彼此甚至世界；无条件之爱，是一种完全超越了人类小我层面的恐惧和制约，由无限的同情心、同理心以及普世的慈悲所创造的神性之爱。

20

长相厮守的爱
不是靠承诺或忍耐，而是……

人的一生是一个持续成长与进化的过程，其中的一门重要功课——亲密关系，自然也需要与伴侣携手，共同成长、共同突破、共同创造。

大部分人对于亲密关系都有一个痴心妄想，就是想要用小小的、阶段性的努力，去换得大大的、长久的幸福。但这通常注定会以失败告终，因为这并非亲密关系这门功课的用意。它真正的用意是带给伴侣双方最深远的疗愈、发展和成长。如果不是这样，它会拆散两个人，让他们与其他人重组，再一次激活这个成长的模式。如果依旧激活失败，它会不断重复这个拆散——重组——激活的过程。

在经历了非常多的失败关系后，如果我们依然未能了解这个事实，对于不愿成长的人来说，恋爱初期便是他们整个亲密关系的高潮。因为随着热情、意愿和能力的衰退，这样的亲密关系自然会停滞发育，甚至倒退。而那些愿意持续成长的人，会因为个体的进化而激发伴侣的成长，创造不断升级的关系。

21/

真正相爱的伴侣
会各自努力完成这十个功课

亲密关系中伴侣双方的共同努力，完全不是大家所说的你付出百分之五十，我付出百分之五十，而是两个人都百分之百地全力以赴。任何一方的情感障碍都会给这段关系的发展带来巨大的损耗和阻碍。因此，在真正相爱前，伴侣双方需要各自完成这十个功课，以超越自己的情感障碍。

第一个功课：全然地生活。一个幸福的人和另一个幸福的人，创造幸福的关系；不幸福的人只会通过伴侣来满足和补偿自己。

第二个功课：呈现脆弱。能够呈现脆弱的人，恰恰是自信的、真实的人，否则只是在关系中逞强的"纸老虎"。

第三个功课：自我关爱。缺乏自我关爱能力的人，实际上还是一个需要被照顾的孩子，需要消耗伴侣巨大的时间和精力。

第四个功课：自我边界和自我需求。没有边界的人很难和伴侣创造相互尊重的关系，无法表达需求的人很难和伴侣创造相互满足的关系。

第五个功课：自己的阴影。无法接纳自己的缺点和阴影的人，通常会在伴侣面前呈现完美的人设，但其实内在极度纠结和内耗。

第六个功课：自我原谅。被困在内疚和羞耻感中、无法原谅自己的人就像一个内核坍塌的黑洞，无论伴侣如何努力地爱他，都很难改变他的生命状态。

第七个功课：童年的行为模式。非常"作"的伴侣通常是小时候就已经擅长用情绪和行为恐吓父母的小孩。伴侣双方需要改变和优化这种行为模式。

第八个功课：依恋风格。无论是焦虑型依恋风格，还是回避型依恋风格，抑或是矛盾型依恋风格，都是情感中的一种过激反应，伴侣需要带领自己回归正常状态。

第九个功课：过去的创伤。过去遭遇过遗弃或背叛的人，通常会紧紧地抓住伴侣，不断地测试伴侣的忠心，或是稍有风吹草动，便率先提出分手。

第十个功课：与自己的关系。一个苛求自己的完美主义者，也会以同样的方式苛求他的伴侣。

Part *3*

提升自爱力

爱，因充分自爱而茁壮成长

　　问大家一个问题：一个被爱得很好的人，是否会幸福呢？是否会满足呢？很多人可能会不假思索地回答：肯定幸福啊！满足啊！当然了！这还用问吗？！但在实际的生活中，既有被爱得很好，却惶惶不可终日，担心有一天这个人不在了或者这个人不再爱他了该怎么办的情况；也有因为被爱得很好，身心慢慢退化为一个任性的小孩子，不知道也不需要思考如何爱伴侣，只是理所当然地向伴侣索要更多，一旦欲求不满，就不开心发脾气的情况；还有因为被爱得很好，所以小心翼翼以对方喜欢的样子取悦对方，持续地压抑自己，终因无法活出自己而抑郁和愤怒，一点都不开心的情况。

　　我们来看一下第一种情况：虽然被爱得很好，但他们更像是依赖对方、被对方养育的孩子，而不是可以自力更生、拥有自爱能力的人，所以他们依然会感到紧张和焦虑；加之这样的人往往遭遇过情感创伤，自我价值感也被破坏，即使在爱的环境中，依然无法得到真正解脱。

所以爱自己，意味着带领自己走出过往的情感创伤，重建自我价值感，拥有自爱的能力。这将根本性地帮助我们实现从无法享受爱到成为爱的源头的生命转变。

我们再来看一下第二种情况：因为被爱得很好，在这样一个只需要享受、只需要考虑自己、只需要接受爱的环境里，他们非但没有实现身心发展——让自己内在的爱和能量得以发展，反而退化成了任性的、向周围不断索取爱的孩子，或者成为情感黑洞，疯狂吸食着周围的爱和能量，且从来不需要考虑如何以爱和能量回馈他人。这种单向索取的状态，使其欲望膨胀，爱的能力坍塌。一旦周围的人无法提供能量，或者周围的人因恐惧而回避或离开，他们的生命状态将无法维系。

所以爱自己，意味着有觉知地自我成长、精进与贡献。唯有如此才能持续提升我们本身的生命能量，提升自己爱的能力，帮助自己走向成熟与光明的同时也照亮周围。

我们再来看一下第三种情况：因为被爱得很好，他们可能因为感恩而以对方希望的样子和方式与之相处。有的时候可能是讨好，有的时候可能是交易。起初这种模式可能运作得非常好，彼此投其所好，各取所需。然而当时间久了，他们会发现，无论是自己还是伴侣，始终都有一个自爱的终极功课，那就是活出自己——从依赖走向成熟，从单一走向多元，从制约走向自由，成为一个完整的、自在的人。就像大家经常看到从石缝里钻出的新芽，无论石头多强大，也无论石头如何承诺为新芽遮风挡雨，都无法阻止新芽破石而出。这就是伟大的生命力。

所以爱自己，意味着勇敢地陪伴和支持自己，活出真正的自己、浑然天成的自己、天人合一的自己。这种最根本也最自然的生命状态，是我们与爱人、与世界和谐相处，共同进化的前提。

当然，除了这三种情况，爱自己还有很多很多的视角、方法和路径。在这一章中，我会着重带领大家去感知、去体验在亲密关系的背景下，什么是爱自己，如何爱自己，而什么又是不爱自己或者伤害自己，并分享一些爱自己的工具和方法。相比起理论的学习，这些在实践中、在生活场景里的觉察和练习，相信会对大家的成长更有裨益。

你的内在是住着一个内在小孩，
还是内在女神?

你可以感受一下自己内在是住着一个惊恐而缺爱的小孩，还是一个神圣而喜悦的女神。这两种内在身份在恋爱中会呈现出五种截然不同的生命状态：

一、内在小孩总是想要被喜欢，会不顾一切地追求爱情；而内在女神大部分时间与爱的源头联结，这些爱的源头来自她的内在和周围爱她的人。

二、内在小孩容易被瞬间的情绪淹没，活在自己的幻想中；而内在女神宁静而稳定、勇敢而智慧，能够去探索事件背后的真相，并做出判断。

三、内在小孩渴望和不断追求安全感、确定性和舒适性；而内在女神可以优雅地面对挫折和挑战，对她的生命发展充满信心，并在这个过程中不断成长和升级。

四、内在小孩内心其实是恐惧和痛苦的，习惯性要求伴侣为此负责；而内在女神内心是喜悦和幸福的，她擅长把喜悦和幸福分享给周围的人，这也是为什么周围的人如此爱戴她。

五、内在小孩其实并不喜欢和接纳自己，她竭力隐藏真实的自己，努力呈现一个所谓完美的形象；而内在女神拥抱自己的全部特质，接纳自己所谓的不完美，并深信无论如何，真实而完整的自己是更有力量、更值得被爱的。

从内在小孩到内在女神，从不安的受伤状态到喜悦的神圣状态，两种内在状态之间的转化，就是女性伟大的觉醒过程。

真正走出情感焦虑，需要内在的情感独立

我们很多人苦苦寻求一个安全型的伴侣，或试图控制和改造自己的伴侣，希望通过被对方持续地爱着，来避免自身的情感焦虑。但这种安全感因为是外求的，而不是内生的，是来自他人的，而不是源于自己的，是相对被动的，而不是主动的，所以只能暂时缓解或避免我们的焦虑，而无法究其根本地超越我们的焦虑。

超越情感焦虑的终极方法是，建立内在的情感独立，成为一个可以自主活出幸福生命状态的人。以下三个重要提示，帮助我们建立内在的情感独立。

一、停止从外部解决问题，开始从内部解决问题。大部分的情感焦虑源于我们过往的心灵创伤和情感缺失。在内在未被疗愈和成长的情况下，伴侣在一段时间内努力地配合我们，满足我们的需求，提供给我们安全感，只会养成我们的情感依赖。时间一长，这种情感依赖便容易演化为矛盾和控制，不仅破坏了原本美好的关系，更强化了我们情感焦虑的感受和过激行为。情感独立的人往往会通过内在疗愈和成长解决问题。

二、我们是一个成年的、独立的人，是自己幸福的第一责任人。这是一个特别重要的心理意识。然而更多时候我们容易被困在只能依靠他人满足自我的惯性中，却忘了我们已是成年、独立的人。在任何时候，我们都可以想一想：此时此刻，如果我是爱我自己的，我会怎样选择？我会如何对待自己？情感独立的人时刻都有着爱自己的觉察。

三、自爱的实践和独处的艺术。我一直鼓励大家创造性地爱自己，多探索、多体验、多发现生活的美好。我们越是能够找到更多享受生活的方式，找到可以忘我地创造和贡献他人的途径，就越能从内在爱上自己，感激自己，并源源不断地收获能量。情感独立的人越是能够在独处时好好和自己相处，好好享受生活，就越能在与他人的互动中全情投入，无所畏惧地爱周围的人，包括家人、伴侣和朋友。情感独立的人向来有着自给自足的精神能量来源。

不自信其实是一个心灵假象，
两个自爱习惯重建自尊

很多小伙伴受困于不自信、低自尊甚至自卑的心灵症结，而低自尊通常与我们过往从外界所接受到的消极评价、不公对待甚至伤害有关。这些评价、对待和伤害负向催眠了我们，把我们困在了一个非真实自我的心灵假象中。

又因为在这个过程中，我们缺失或未能健全自我关爱的能力，使得自卑的心灵假象被一直维持下来。自我关爱是自尊的源头，如果我们希望从他人制造的心灵假象中脱离出来，请开始用一个问题和一个动作关爱自己，重建自尊。

一个问题：如果你是自己的朋友，你会如何对待你的朋友？在遇到外部的刺激和挑战时，我们特别容易掉入惯性身份和惯性反应中，比如我们再一次因为外界的负向反馈而自我否定。这个时候，我们特别需要跳出惯性身份，问问自己，如果你是自己的朋友，你会这样对待他吗？怎样做才能真正地支持他呢？

一个动作：就像拥抱自己的孩子那样，给你的身体支持性抚摸。疗愈不仅在于意识的转变，更在于身体感受的转变。当意识到自己处于压力和挑战时，闭上眼睛，深呼吸，将意识从外界收回，落回自己的内心，轻轻地把两只手放在心口，然后就像你拥抱自己的孩子一样抱抱自己，并轻轻地拍打自己，直到让自己放松下来，感受到自己是被自己爱的。

自尊并不来自外在，自我关爱才是自尊的源头。从今天开始，成为世界上最爱自己的人，超越自卑的心灵假象，活出尊贵与荣耀的真我。

圣母型人格的伴侣通常存在着
三种魔鬼般的内在模式

如果你内在感到自卑，觉得自己不值得被爱，经常将伴侣的需求排在自身需求的前面，不仅无法向伴侣提出自己的需求，反而因未能满足伴侣的需求而产生巨大的内疚和自责，或者长时间处于一种执着于拯救伴侣的状态中，那么你基本上属于圣母型人格。

我们见证了非常多的人在圣母型人格的生命模式中受苦，希望启发大家看见和超越圣母型人格三种魔鬼般的内在模式，并最终走出圣母型人格的牢笼。

模式一：不称职的父母塑造圣母型人格的孩子，孩子长大后又在恋爱中重复养育型的关系。很多圣母型人格的人从小就肩负起照顾父母情绪和生活的责任，又或者因为不能很好地被父母接纳、尊重、欣赏和爱，而发展出过度承担责任和讨好父母的生命模式。这种生命模式会在潜意识层面指引他们在恋爱中吸引不成熟的伴侣，并继续照顾他们的伴侣，把亲密关系变成养育关系。

模式二：圣母型人格的人通常非常能干、优秀又出色，他们认定了只有自己才能拯救伴侣，让伴侣幸福，从而无微不至地照顾伴侣、自我牺牲式地满足伴侣。然而被照顾和被满足的伴侣要么会因为非常没有存在感，转而在其他人那里寻求存在感；要么会退化为一个欲求不满的孩子，理所当然地向他们索取；要么会因为他们的出色、能干，让伴侣觉得无论如何也无法超越他们而躺平。由此可以看到他们的圣母行为非但不是爱，反而会压抑、制约甚至拖累伴侣的心灵成长。

模式三：圣母型人格的人不爱自己，甚至是骑在自己脖子上作威作福的暴君。因为他们不懂得什么是爱，也不会爱自己，一方面他们会不断地向外输出指责和抱怨——"你就是这样的，你无论如何也无法成长"的意识能量，另一方面他们又会因为在亲密关系中长期积累的不满和自我剥削，而感到持续的悲观、愤怒、怨恨、委屈、小气、绝望和恐惧。他们实实在在地成为这个世界上虐待和伤害自己最深的人。他们的圣母行为既感动不了别人，也成长不了自己。

放下你的父母吧，他们的受苦不是你的责任；放下你的伴侣吧，他的成长才是你的愿望；放过自己吧，你和世界上的任何人一样，有资格被全然地爱着。

在情感中，这类人特别费伴侣
——自我遗弃者的五种表现

亲密关系中的一个核心悖论是，一个人拼命地想从对方那里得到爱，然而其内在却进行着自我遗弃。自我遗弃的人会通过这五种表现，不断消耗伴侣的爱和能量。

第一种表现：自我遗弃的人总是需要外部认可。他们会不断地向伴侣索取关注、鼓励和欣赏，无论伴侣处于什么样的状态。

第二种表现：自我遗弃的人经常会以自我评判和自我攻击的方式于内在伤害自己。当伴侣鼓励和支持他们勇敢成长时，他们会退缩，裹足不前。

第三种表现：自我遗弃的人会小心地把自己无法接纳的部分隐藏起来。这些隐藏的部分和秘密在他和伴侣之间筑起一道无形的隔墙。

第四种表现：自我遗弃的人习惯性忽略自己的需求，反而取悦和讨好他人。伴侣在不知道他们有什么需求的情况下，又会遭到他们作为受害者的指责和攻击。

第五种表现：自我遗弃的人非常没有主见。他们也不相信自己的直觉，听风就是雨，经常需要伴侣不断地证明和确认他们是安全的，他们的决定是正确的。

这就像把一个水槽不断砸出更多的洞来，同时又怪罪水龙头流出的水是不够的。自我遗弃的人会在极度内耗的同时，无意识地消耗掉伴侣的能量，或者把伴侣吓跑。

03 »
隐藏自己无法接纳的部分

04 »
习惯性忽略自己的需求，取悦和讨好他人

02 »
自我评判和自我攻击

05 »
没有主见

01 »
总是需要外部认可

自我遗弃者的五种表现

好伴侣是吸引来的
——当我们拥有这五种品质

好伴侣从来不是被我们发现、抓住，进而据为己有的，而是被我们内在同样美好的品质所吸引来的。如果我们至今还未遇到好伴侣，不妨觉察一下我们是否拥有这五个品质，并从今天开始培养这五种能量巨大的内在品质。

品质一：慈悲。人生确实是一场挑战重重的修行。我们有伤痛、恐惧和限制性信念，伴侣也同样有各种伤痛、恐惧和限制性信念。只有慈悲的人才会用爱来回应这些挑战，并与伴侣携手超越这些挑战。

品质二：喜悦。一个人的情绪状态是内在健康程度和生命发展水平的真实体现。一个底层不喜悦，或者总是情绪失控的人其实是内在受苦的人。总是受苦的受害者会吸引受苦的迫害者。

品质三：能力。相比容貌，能力是一种更深刻且历久弥新的魅力。无论男性还是女性，专注做自己胜任之事的生命状态令人向往。这样的人身上，总是散发着迷人的光辉。

品质四：自信。自信是一股巨大的吸引力，自信的人吸引周围的人靠近自己，而不自信的人通常会用蹩脚的方式假装自信，让人心生疑惑和不安，甚至用强势的控制把伴侣吓跑。

品质五：真实。无论我们头脑层面多么想取悦对方、迎合对方，压抑的自我、演绎的自我或限制的自我都会把不真实的亲密关系推翻，把无法让我们真实做自己的伴侣赶走。

高自我价值感女性与众不同的
五个特质

拥有高自我价值感的女性处理亲密关系的方式，与一般人相比有着巨大的不同，有时甚至截然相反。而高自我价值感女性的这五个特质让她们在亲密关系中，帮助自己和伴侣成为更好的彼此。

第一个特质：高自我价值感的女性内在真实而柔软。她们稳健的内在价值体系让她们可以自如地向男性展现脆弱或寻求帮助，而在这个过程中，男性的承载力和解决问题的能力也得以彰显和拓展，极大地提升了他们的自我价值感。

第二个特质：高自我价值感的女性拥有超凡的领导力。她们不是情感中的支配者，而是情感中的引领者，引领伴侣和整个家族去往更高的生命状态。

第三个特质：高自我价值感的女性重视伴侣和亲密关系，但不代表亲密关系就是她们生命的全部。高自我价值感的女性还注重在家庭关系、亲子关系、人际关系，以及工作与事业、财富与生活方式、自我实现和身心健康等方面有着全面的、多

元的发展。

第四个特质：相比一般人要么讨好男性、拯救男性，要么控制男性、贬低男性，高自我价值感的女性会像尊重和欣赏自己一样，尊重和欣赏自己的伴侣。这有助于让他们携手共建健康、平等与合作的亲密关系，并更容易达成彼此想要实现的目标。

第五个特质：相比一般人倾向于向伴侣索取价值，高自我价值感的女性更注重提升自己的价值。这个过程根本性地提升了她们的生命状态，不仅可以激发伴侣成长，也可以在自己状态更好的时候，给予伴侣更有力量和更多无条件的支持。

高自我价值感的爱与低自我价值感的爱有四个明显的行为差异

高自我价值感的人更容易与伴侣创造高品质的亲密关系，而低自我价值感的人更容易用各种方法破坏掉与伴侣的关系。

高自我价值感的人与低自我价值感的人在爱中有四个非常明显的行为差异。

第一个行为差异：高自我价值感的人尊重和欣赏自己的伴侣，让伴侣感到被赋能；而低自我价值感的人会习惯性地贬低伴侣，以此抬高他们自己，让他们感受到某种优越感，但这恰恰是自卑的体现。

第二个行为差异：高自我价值感的人会主动地、前置地、正向地、充分地与伴侣沟通；而低自我价值感的人因为过往形成的受害者模式，在未进行任何沟通的情况下，开始用情绪、表情或冷暴力攻击伴侣。

第三个行为差异：高自我价值感的人会用积极的态度面对亲密关系中的问题和挑战；而低自我价值感的人会因为恐惧自己会被放弃，或者对未来不抱希望，而经常用威胁分手或离婚的方式率先切断关系。

第四个行为差异：高自我价值感的人会自然地欢迎和接纳爱他们的人靠近；而低自我价值感的人会因为害怕受伤或感到自己不够好，而无法让人亲近，这使得他们很难真正地与伴侣建立联系和依恋关系。

亲密关系建设者的品质，决定了亲密关系的品质。着手修复和提升自我价值感，是建立和发展亲密关系的基础。

高能量女性的十个习惯

不知道大家是否意识到，当我们处于高能量状态的时候，我们是充满活力和创造力的；而当我们处于低能量状态的时候，我们通常会被问题和恐惧牵制。所以管理和维护好自己的能量状态，既是自爱的重要体现，也是自爱的一个核心能力。

高能量女性会通过以下这十个习惯来提升和维护自己的能量状态：

第一个习惯：多花时间和自己相处，带领自己进行自我实现。比如开创一番事业，自我成长，疗愈核心创伤的探索。随着不断升级自己的生命版本，我们会越来越感到本自俱足，能量也会越来越高。

第二个习惯：多和对的人、有爱的人、高能量的人在一起。人与人之间相处是能量交互最直接的方式，我们的能量是会被周围的人，特别是亲近的人影响的。

第三个习惯：不活在过去的羞耻、内疚、懊悔和失望中，而是活在此时此刻的当下。过去的经验和行为只会重复创造相同的结果，而有觉知地活在当下，才能创造崭新的未来。

第四个习惯：放下对自己的挑剔和评判，用慈悲和接纳对待自己。那些挑剔和评判是别人传递和施加给我们的，并不属于我们，放下它们吧。

第五个习惯：穿着得体，让自己呈现出美好的形象。这是能快速改变我们的心情和提升自我价值感的有效方法。

第六个习惯：多运动，也尽可能多地回到大自然当中。运动帮助我们释放近期的压力和情绪，增加内啡肽的分泌；而大自然是一个天然的疗愈场和能量补给站。

第七个习惯：给予身体安全感和存在感。手指敲打身体紧张的部位，给自己一个拥抱，做一个高品质的 SPA，或在洗澡时抚触自己的身体，都是很好的方法。

第八个习惯：不带评判和内疚地充分休息。我们值得也非常需要一个好的睡眠或一次深度的静心。

第九个习惯：减少看手机的时间，更需要有觉察地屏蔽不良信息或负面信息。否则这就好像在吃精神垃圾食品一样。

第十个习惯：时常有意识地闭上眼睛深呼吸。这个习惯会帮助我们放松神经，从压力状态回到松弛状态。

10

自信的女性在亲密关系中这样沟通
——自信沟通的八个重要原则

很多女性苦恼于总是和伴侣沟通无果，其中一个重要的原因便是她们掉入了被动沟通和攻击性沟通的陷阱。而真正自信的女性在亲密关系中，因为遵循着自信沟通的八个重要原则，而达成有效的沟通。

第一个原则：眼神的交流。还记得眼睛是心灵的窗口吗？如果伴侣之间的沟通没有眼神的交流，那么这次沟通通常无法深入内心，沟通效果也不及预期。

第二个原则：自信的姿势。沟通时让自己的身体处于一种放松的、稳定的状态，坐下来或者双脚与肩同宽站稳在地面上。我们身体的姿势传达出我们的力量。

第三个原则：温柔而坚定的语气。很多女性认为如果在声势上超过对方，就能赢得沟通，其实她们只是在争吵中赢得了暂时的胜利，而不是想要达成的共识。

第四个原则：从容的神态。沟通前我们可以到镜子前面审视一下自己的神态是从容的，还是焦虑的、恐惧的、愤怒的。

我们的神态将激励对方加入沟通。

第五个原则：对的时机。沟通的时机、场合以及彼此的沟通意愿和状态都会影响沟通的品质。一些女性选择合适的时机，邀请伴侣去到一个高能量的场域，取得了不可思议的沟通效果。

第六个原则：不攻击别人和自己。既不责备或威胁伴侣，也不妄自菲薄，自信的女性明白相互攻击没有任何意义，只会激活彼此的心灵创伤和应激反应。

第七个原则：积极而主动。自信的女性能够勇敢地、清晰地、直接地表达和捍卫自己的需求与权利，并邀请伴侣创造不一样的互动方式与合作方式。

第八个原则：始终有清晰的目标。沟通的目的永远不是谁对谁错，或谁应该听谁的，而是与我们最好的伙伴找到解决问题、超越挑战的最佳方法。

11/

自信的女人不会在亲密关系中
做的六件事

如果大家相信自信的女人更有机会遇到高品质的伴侣，创造高品质的亲密关系，那么接下来的六件事，将提示我们如何成为一个自信的女人。

第一件事：自信的女人不会在亲密关系中失去自己的经济独立性。财务上或生活上的依赖，会演变为亲密关系中被动的附属关系，或者看似被养育实则被支配的关系。

第二件事：自信的女人不会在亲密关系中忽略家人和朋友。每个人都需要健康而多元的情感支持系统，而不是孤注一掷地把全部的情感需求押注在伴侣身上。

第三件事：自信的女人不会在亲密关系中改变和控制伴侣。改变和控制非但无法达到预期效果，反而会滋生对抗和逃离。自信的女人更关注自我满足和自我实现，而这种高级的生命状态会影响和鼓舞伴侣成长。

第四件事：自信的女人不会在亲密关系中放弃目标和梦想。

女人首先是人，作为人便有自我实现、自我成长的需求。永远不要停止个人的生命发展，在更高的版本中，我们会看到更美好的自己和世界。

第五件事：自信的女人不会在亲密关系中期待伴侣满足自己所有的需求。足够高的生命发展水平让她们远离小女孩、小公主般的任性，她们能够更感同身受伴侣的处境，感恩伴侣的付出，并时刻准备好为自己的生命负责。

第六件事：自信的女人不会在亲密关系中失去自己的核心身份。在某人的妻子、某人的妈妈等所有的社会身份中，自信的女人首先是她们自己，任何时候她们都会拥有稳定而有力量的核心身份。

12

亲爱的，你首先是女人，
然后才是妻子和妈妈

很多女性把自己的第一身份设定为某某的妈妈，或者谁谁的妻子，这是一个非常值得关注的自我认知倾向。

无论是某某的妈妈、谁谁的妻子，还是某个看起来或听起来非常厉害、重要的角色，都不足以定义女性伟大而奥妙的存在本质，那就是她们首先是自己，是一个美好的女人，是所有人类同伴生命的源头，就像大地母亲之于生活在其上的所有动物、植物、微生物一样重要而伟大。

在女性成长的过程中，有一个巨大的断档，就是很多女性因为结婚、生子、就业等生命事件，而被家庭或社会从小女孩直接推向了妻子、妈妈和某个职业身份的角色。而这些角色的期望、需求和压力又猝不及防地吞噬了她们的生命能量。

所以我们看到很多挣扎的母亲背后其实是一个个精疲力竭、苦苦支撑的"小女孩"，在情感受困的妻子背后其实是一个个渴望爱又恐惧爱及不知道如何去爱的"小女孩"，在看似成功的女性职场人和企业家背后，其实是一个个孤独的、压抑

的"小女孩"。

很多妻子、妈妈和职场女性其实是挣扎着、精疲力竭地坚持和履行着自己的本分和职责。这是一个令人难过却又非常普遍的群体现象。而作为下一代的孕育者和非常重要的培育者，母亲的不幸福状态也会自然地传递给下一代。

亲爱的，支持自己从"小女孩"的内在状态，努力成长和活出女人的幸福状态吧。一个幸福的女人知道如何与男人建立和发展关系、经营家庭。一个幸福的女人也会成为孩子最好的内核、参照和榜样——这难道不是最好的生命教育吗？

13

如果伴侣很少关心我们的感受和需求，请务必做到这一点

如果伴侣很少关心我们的感受和需求，缺乏对我们和他人的同理心，这是遭遇自恋型伴侣最为普遍的特征。除此之外，自恋型伴侣还会通过扭曲事实，操控、贬低和欺骗我们来维护他在感情中的支配地位。

很多小伙伴在遇到自恋型伴侣的初期通常会有一种莫名的亲切感和心疼感，觉得自己是世界上唯一懂他的人，唯一看到了他脆弱内在的人和唯一可以拯救他的人。这是大家需要非常小心的。因为这种感受并不是爱，而是心灵创伤的强烈反应。遭遇自恋型伴侣的人，非常大的可能是他们也有同款的自恋型的父母。虽然他们曾经或者正在持续地被伤害，但在潜意识深处，他们依然是爱父母的，忠于父母的，想要拯救父母的。于是他们会把这些底层意愿投射到自恋型伴侣的身上，产生开头所讲的那种莫名的亲切感和心疼感。殊不知，他们非但不能拯救伴侣，反而非常有可能再次成为这段亲密关系中的牺牲品。

当意识到这些，请务必做到这一点，那就是爱自己。在这种情况下，爱自己包含三个重要的行为：

一、 设定清晰的边界。清楚地告诉对方自己接受什么，不接受什么，并持续地维护和明确这些边界，这是我们与自恋型伴侣相处的底线。

二、 优先关照自己的感受和需求。不要再控诉对方做不到关心和同情，不断探索和实践能够照顾自己感受和需求的方法，这是与我们与自恋型伴侣相处需要具备的最重要的能力。

三、 寻求多元的帮助和支持。自恋型伴侣通常是亲密关系中强有力的主导者和控制者，我们的能量可能被快速耗尽，甚至一些人会跌入抑郁的状态。这时不论是我们，还是我们身边的朋友，都希望大家能够积极地进行自救，即寻求家人、朋友或专业人士、团体的支持，帮助自己有效地释放负能量，补充正能量，以应对和超越这一情感挑战。

14

自爱的人会在这七种情况下
选择结束一段关系

　　有的时候，选择结束一段关系或者和一个人分开，可能是两个人在整个相处过程中最有爱的决定和行为。在这七种情况下，一段亲密关系已经无法带给彼此滋养，失去彼此疗愈、成长和贡献的功能。自爱的人会超越内在的恐惧和制约，勇敢地走出这段关系（也是舒适区），重启彼此的生命成长。

　　第一种情况：伴侣没有同理心，只能够从自我视角思考问题，无法理解你。

　　第二种情况：伴侣情绪非常不稳定，并认定是你造成了他的痛苦。

　　第三种情况：伴侣认为亲密关系是你一个人的事情，自己置身事外。

　　第四种情况：伴侣在身体上攻击、虐待、侵犯和伤害你。

　　第五种情况：伴侣不断地在语言上攻击、贬低和打压你。

　　第六种情况：关系里充满了伤痛，以至于你无法享受当下的美好。

第七种情况：伴侣认定你是单一的过错方，需要改变的是你。

这些情况的出现，已经不是简单的亲密关系问题，而是呈现伴侣有自恋、虐待、霸凌倾向等较为严重的心理问题。除非伴侣能意识到这些问题的存在，并寻求专业的疗愈和帮助，否则你可以选择结束这段关系，为伴侣的觉醒创造契机。

15

在亲密关系中做自己的
十个智慧

一个人时，需要爱自己；两个人在一起了，更要爱自己。

健康发展的亲密关系，需要参与双方都保有一个完整而充满力量的自我。一旦失去自我，吸引力将会消失，亲密关系也将随之失衡，甚至走向破裂和消亡。

可以说，在亲密关系中做自己，是经营亲密关系最为重要的能力之一。而这种能力与建立健康的个人边界有关，这里和大家分享十个有助于我们理解和建立健康边界的智慧。

一、我们无法保证伴侣以同样负责任的态度参与到亲密关系中，所以我们应把焦点和努力放在我们可以决定且产生积极结果的部分。

二、支持和拯救伴侣走出心灵创伤和情感障碍是我们的意愿而不是义务，特别是在对方并不配合的情况下。然而是否还有意愿与"心灵病号"相处，是我们需要做出的决定。

三、对方不理解我们，不认同我们，甚至大发脾气是正常的。因为他过去所学的或者形成的世界观与我们不同。但如果可以，建议彼此多一些、再多一些沟通。

四、说"不"是可以的，拒绝他人的邀请和需求是没有问题的。只有我们最清楚自己的生命状态和压力，请以爱自己的态度为自己发声。

五、只有让自己成为自己开心和幸福的第一责任人，而不是转嫁给我们的伴侣，我们的幸福生活才会开启。

六、不要过度在意别人说什么，没有人能感同身受我们的处境和内在状态，并为我们的选择负责。

七、没有人有权利虐待我们，即使是我们的父母、伴侣、家人和朋友。

八、给自己留出必要的独处时间，独处会让我们专注聆听内在的声音，并恢复能量。

九、别人有权选择不喜欢我们，但我们不接受他们所做的不尊重我们的行为。

十、自卑只是一个幻觉，是特定价值体系对我们的偏见，超越这种偏见，我们本身拥有独一无二的美好。

16

越是能量高的人，越会用这七个方法 守护和提升自己的生命状态

今天或者过去一周，你会给自己的生命状态打几分呢？生命状态影响着我们生活的方方面面。越是高能量的人，越会用这七个方法守护和提升自己的生命状态。

第一个方法：直面一直困扰我们的一个问题或挑战。问题和挑战恰恰是提醒我们成长和升级的重大信号。直面问题和挑战，也意味着我们准备好迎接这次成长，并在超越挑战后，成为更好的自己。

第二个方法：赞美和欣赏身边的人。这不仅会让我们收获周围更多人的喜欢和善意，更能帮助我们从内在的受害者身份走向幸福的引领者身份。

第三个方法：有意识地微笑并舒展身体。我们的行为是会反作用于我们的情绪和认知的。即使在我们感觉脆弱无力时，也要试着微笑并舒展身体以快速调整我们的状态。

第四个方法：在需要说"不"的时候，勇敢说"不"。很多小伙伴因为害怕冲突或过度在意对方，而无法说"不"或拒

绝别人。但我们的意愿和需求同样重要。

第五个方法：不要多管闲事，管好我们自己。虽然这听起来是很简单的事，但仍有很多时候，我们要么对别人指手画脚，要么在未被邀请的前提下给出意见。

第六个方法：用正向的语言进行沟通，远离负面资讯。我们输出的语言和我们接收的信息都在不断塑造我们的内心世界，所以要常常觉察我们在输出什么，接收什么。

第七个方法：远离或至少与负能量的人保持距离。人与人之间的能量会相互传染、相互作用。正能量的人传递正能量，而负能量的人消耗正能量。

17

多说这四句话，你会更有价值

很多人类同伴在不太健康的家庭环境中长大，或者被抱持过多消极信念的人所包围，以至于我们对自身存在的美好产生了巨大的怀疑和偏见。我经常提醒低价值感的小伙伴，如果你要看清自己，至少找一面干净的镜子，而不是锈迹斑斑的镜子。

我邀请大家开启一项自我关爱行动，通过每天多说这四句话，赋能自己，并提升我们的自我价值。

第一句话：我爱我自己。无论是我们的父母，还是身边的人类同伴，依然有很多人并不知道如何去爱，我们不曾从他们身上学会如何爱自己。既然现状是这样的，那不如勇敢地开始爱自己。世界上每多一个爱自己的人，就少一个制造伤害的人。

第二句话：我很有能力。无论在过往的生命中，还是在特定的岗位上，我们都学习并掌握了一些生活和工作的技能。不需要以别人的标准或者所谓的完美标准要求自己。只要去做我们热爱的事情，就会发现热情会帮助我们在这件事情上表现得愈发卓越。

第三句话：我感觉很好。因为过往的生命经历，我们经常容易无意识地被负面的情绪带走或吞没，陷入低能量的状态中。这时可以闭上眼睛，在内心对自己说：我感觉很好！我们会发现自己的情绪真的是可以被自己的正念调节和引领的。

第四句话：我是独一无二的。这是一个真理一般的存在，在整个宇宙中，我们就是那个独一无二的存在。不要因为一些人不能接受我们的独特性，就放弃我们的独特性。当我们勇敢地活出这些独特性，就会遇到欣赏这些特质的人。

18

二十五句自我关爱的赋能话语

这是一个非常强大的正念赋能冥想，包含二十五句高能量的话语。如果你能把它们听完，并接收到它们的祝福，说明你是一个非常爱自己的人。相反，这些话语会让不爱自己的人感觉厌恶，甚至想逃避。

一、我是一个美好、坚强且有能力的人。

二、我曾超越了非常多的挑战，未来我依旧可以。

三、过去的所有经历让我成为一个多元且有韧性的人。

四、我允许自己偶尔感到沮丧、愤怒和悲伤，这只是某种情绪，不分好坏。

五、我的个人界限很重要，我有权向他人表达我的需求。

六、"不"就是"不"，它是一个完整的句子，我不必解释或证明我的界限。

七、我总是可以感觉良好，并在体验生活中收获快乐。

八、我值得接受好东西，值得实现我的人生目标。

九、过去就是过去，我的过去并不能预测我的未来。

十、我原谅自己犯的错误，我拒绝用这些错误定义我自己。

十一、我被允许有自己的空间，被允许有需求、有欲望、有发言权。

十二、我不必放弃我的希望和梦想。

十三、我为实现目标而付出的所有努力都会得到回报。

十四、我有能力照顾好我的身心健康。

十五、我知道我的价值。

十六、我值得被爱，值得爱别人。

十七、成长有时是颠簸的，并不总是顺遂的，但我会坚持下去。

十八、治愈对我来说触手可及，自然而然。

十九、我爱我的身体、我的心灵、我的梦想和愿景。

二十、我不再保留那些对我无用的消极信念。

二十一、我会被无条件地爱我和支持我的人包围。

二十二、我全然地接纳我自己。

二十三、带着自信和积极的想法，我将无所不能。

二十四、我为自己感到骄傲，并将继续努力成为更好的自己。

二十五、我和我自己又全然地度过了喜悦且有意义的一天。

19

十二个总是爱自己的法则
——从今天起改变你的命运

一、总是原谅和接纳自己，无论曾经发生过什么，都只是成长中的体验和试错过程；

二、总是善待自己，即使周围的人不曾这样对待过你，也要这样对待自己；

三、总是优先照顾好自己，因为你的生命状态创造了你生命中的一切；

四、总是欣赏和鼓励自己，不要被他人的偏见蒙蔽双眼，你是美好的、神奇的；

五、总是感恩自己所拥有的，拥有的心态会帮助自己吸引更多的爱、健康与财富；

六、总是尊重和肯定自己，你对待自己的方式就是他人对待你的方式；

七、总是觉察和提升自己，所有向外的指责和抱怨都是浪费生命能量；

八、总是陪伴和满足自己，成年的一个重要标志是你可以照顾好自己；

九、总是真实地活出自己，分裂和内耗会逐渐终结，喜悦和自在会油然而生；

十、总是勇敢地向前迈一步，不要让伤痛困住你，让恐惧限制你的生命发展；

十一、总是更深入地探索自己，你最大的宝藏从来就不是从他人那里学到的知识，而是你本身的奥秘。

十二、总是更爱自己，让自己成为爱的源头，同时像太阳般光芒万丈，给周围的一切带来光亮。

Part 4

创建高品质亲密关系

爱，从贫瘠走向丰盛

　　我们遇到很多外在条件丰盛，却因内在匮乏而感觉虚无的小伙伴；也遇到过很多外在条件普通，甚至生活艰辛，却因内在丰盛而感觉幸福的小伙伴。当然，外在的丰盛和内在的丰盛从来就不是一种对立关系，而是一种相互交融、相互促进的关系。

　　而在内在丰盛的探索和修行中，亲密关系就是一个最好的道场，也是最好的耕田。只要我们真正有意愿地、有意识地、有觉知地、有智慧地付出爱和接受爱，与另一个人类同伴不断提升爱的能力和各自的生命维度，只要我们肯持续地播撒爱的种子，并悉心照料、去除杂草，就可以通过亲密关系，收获生命最伟大也最根本的幸福。

　　同时，亲密关系也是值得我们去追求的。无论是个体行为，还是集体状态，其实都能反映出我们内在的爱的状态。因为缺乏爱，很多人类同伴处于一种低能量、无意义，或者拼命抓取的生命状态；因为恐惧爱，很多人类同伴无法信任身边的人，无法靠近身边的人，无法参与和创造真正的亲密关系；因为怀疑爱，很多人类同伴过度物化了周围的人和这个世界，活在利益与欲望的幻想里；因为不会爱，很多人类同伴即使努力付出，却依然无法让伴侣、孩子等家人感受到爱；因为不能爱，很多人类同伴不断寻求更强烈、更刺激，却更短暂、更表浅的生活方式。这些都是我们正在共同面临的爱的困境，也恰恰是值得我们勇敢面对、努力改善的生命议题。这个世界迫切需要更多幸福的、真正拥有爱的能力且能作为见证爱之伟大的人。

当然，我们的人类同伴对亲密关系的意义和目的有着不同的认知。而且这些认知都是对的、有意义的，且属于整个人类集体意识的范畴。在"高地生活"，我们倾向于这样定义爱：爱是一份让自己、让对方乃至让整个世界都变得更好的意愿和行动。我们倾向于这样定义亲密关系：亲密关系是我们与人类同伴携手同行，共同疗愈、共同成长、共同发展的一段生命旅程。无论我们想创造一个二人世界，还是想组建家庭、生育孩子，无论是想彼此分担重担与挑战，分享热情与幸福，还是希望借由这段宝贵的亲密关系，达到更高的生命状态，并为整个世界带来积极的意义和贡献，这些或踏实或高远的目标，都可以在伟大的亲密关系中得以实现。

在这一章中，我想和大家分享亲密关系中更为实际的应用题解法。比如，在哪些地方更容易遇到真爱，如何更深入地了解我们的伴侣，如何分配自爱与爱他人的时间和精力，如何对待伴侣的"缺点"，等等。旨在支持大家在这一段宝贵的亲密关系的旅程中，走得更久、走得更深、达到更丰盛的状态，收获更多喜悦、智慧和宝贵的经验。

亲密关系中存在十种角色关系，
看看你们属于哪种?

基于伴侣双方的生命状态，亲密关系中不止一种角色关系，而是存在十种角色关系。看看你们属于哪种?

第一种角色关系：生命觉醒的女人或男人，需要一个灵魂伴侣。

第二种角色关系：有成长意愿的女人或男人，需要一个同路人。

第三种角色关系：成熟的女人或男人，需要一个爱人。

第四种角色关系：没有安全感的女人或男人，需要一个可被占有的"宠物"。

第五种角色关系：情感捕猎的女人或男人，需要一个"猎物"。

第六种角色关系：忙事业的女人或男人，需要一个支持者。

第七种角色关系：心智未成熟的女人或男人，需要一个"爸爸"或"妈妈"。

第八种角色关系：自恋的女人或男人，需要一个崇拜者。

第九种角色关系：落魄的女人或男人，需要一个拯救者。

第十种角色关系：心碎的女人或男人，需要一个疗愈者。

在这五种地方更容易遇见真爱

爱是一种非常高级的生命状态。如果大家能区分真爱与基于荷尔蒙支配的情欲、基于恐惧的抓取、基于私利的算计和基于欲望的操控之间的本质区别，便能够意识到真爱更容易出现在哪些场景或环境中。在以下五种地方更容易遇见真爱：

一、明亮而不是暗淡的地方。灯光昏暗的地方不利于眼神交流，也更容易引起朦胧却不切实际的猜测，比如酒吧的相遇。光线不足会阻碍建立信任和深刻的关系。

二、自然的而不是人造的地方。越是在人造的所谓高档的场所，越容易压抑真实而全面的自我，这种地方会让两个人都端起来，或者以特定的人设和对方相处，却无法展现自然而多元的自我。

三、真实而不是虚拟的地方。相比起网络约会、网络相亲，我更推荐大家可以面对面地沟通和互动。有多少恋爱在网上聊得天花乱坠，落地见光的时候却惊掉下巴，物是人非。彼此朋友的牵线和引荐远比查看双方的资质更可靠。

四、体现彼此共同价值观的地方。我们身边既有在共同的兴趣小组中认识，相处得非常好的伴侣，也有在公益服务中认识，相处得非常好的伴侣。这些地方可以唤醒双方内在的共鸣。

五、呈现彼此共同人生追求的地方。比如，我认识的一名登山教练，他就是在珠峰上向女朋友求婚的。又比如，一对音乐家夫妇是在记录和保护西藏传统音乐的项目中走到一起的。再比如，我和我的爱人黄老师曾是合作伙伴，是探索和推动人类同伴更幸福地生活在地球上的人生使命让我们走到了一起，等等。

恋爱不是谈出来的，而是……

　　大多数的恋爱无疾而终，一个巨大的误区就是"谈恋爱"这个说法。"谈恋爱"这个说法更像是谈一个合同、敲定一笔交易、达成一个共识，而用一个合同、一笔交易和一个共识来确保两个不断变化的生命个体在不断变化的时空中一直幸福地生活下去，是非常不切实际的。

　　恋爱不是谈出来的，而是成长出来的。承诺给彼此幸福，然而自己都无法活出幸福；说好要怎样爱伴侣，自己却因为伤痛和恐惧而无法去爱。这样的"谈恋爱"只能是空谈。不必再纠结对方答应的事情有没有做到，说是一方面，而能不能做到则切实地考验着他的生命发展水平，是需要通过成长实实在在获得的。

　　小到以对方更享受的方式去表达爱，与对方沟通，帮助对方走出情绪困境；大到遇到重大挑战时，双方共同面对、共同超越，支持彼此活出实在的幸福和实现人生理想。这些爱的能力与生命经验都不是谈出来的，也不是看书学会的，而是通过实践成长出来的。

有人说不以结婚为目的的谈恋爱都是耍流氓，我说不以谈恋爱为目的的结婚才是耍流氓。之所以这么说，是因为恋爱代表着两个人持续的、长期的共同成长，而婚姻更是两个人结伴同行、终身成长的一种约定和意愿——越高远的成长目标匹配越深远的亲密关系。当成长停止了，关系也就随之停滞或衰退。

所以，恋爱中不要目光短浅，被短暂的甜蜜所迷惑，而应该去感受彼此是否有智慧、有意愿共同成长。想要一劳永逸获得永久幸福的人，恰恰无法获得幸福，而勇猛成长、持续前行的人，每一步都在经验着幸福。

选择了一个伴侣，也就选择了一段人生

我们说，关系的品质决定了生命的品质。当我们选择了一个伴侣，也就选择了一段人生。

如果我们幸运地选择了一个幸福的伴侣，我们将有机会走进一个幸福的世界，享受一段幸福的人生。而当我们不幸选择了一个糟糕的伴侣，我们也将被迫走进一个不幸的世界，体验一段受苦的人生。所以，亲密关系，宁缺毋滥。

但这也并不是故事的全部，生命中出现的伴侣和亲密关系，对我们的人生还有更深刻的意义。

比如我们去一个地方旅游，那个地方人们的幸福状态确实会让我们神往。但是如果我们未能有意识地学习那里的人幸福的方法和爱的能力，只是享受一番，我们依然处于缺乏爱的能力和未能掌握幸福方法的状态。当然，我们也可能因为在那个世界里胡作非为，不断地向人家索取爱而被驱逐出境。总之，一旦旅行结束，我们会惊恐地或非常不情愿地回到自己的世界，回归自己的生命常态，错失了提升自己的机会。

　　再比如我们被骗去了另一个地方，在那个地方的遭遇让我们极度受苦。但如果我们被这种巨大的冲击和挑战唤醒了，激发起了巨大的勇气和爱，这样的环境反而有可能激发起我们强烈的自我救助和自我进化的意愿和行为，那么我们的人生将在看似最糟糕的环境中得以升华。我们不再期待被爱，而是主动爱自己；我们不再恐惧伤害，而是提升维护自我边界和自我保护的能力；我们不再改造对方，而是营造一个以自爱为中心的爱的场域。如此，我们可能在看似最糟糕的情境中，收获最大的生命发展。

爱的二八法则

我们的情感需求有多少是由伴侣负责和满足的，又有多少是由我们自己负责和满足的呢？

在很多出现问题的情感案例中，有一个显著的共性便是：案主过度依赖伴侣为自己的情感需求负责，满足自己的情感需求。很多小伙伴表示自己每天的生命状态，百分之九十以上是由伴侣对待自己的方式决定的。如果伴侣对他们不好，他们就会像孩子失去了养育者的爱一样，陷入巨大的恐惧、焦虑和愤怒之中。

如果我们是一块只有百分之十电量的电池，可想而知，我们的生命状态是怎样的。而如果我们没有自爱的能力为自己充电，便会极度地依赖伴侣为我们充电。短期内也许伴侣能够给予我们爱的补充，然而时间长了，伴侣也会因为持续放电、精疲力竭而进入亏电的状态。面对我们的继续索取，伴侣要么开始反抗，要么选择逃离。

爱的二八法则意味着：只需要伴侣提供百分之二十或更少

的爱的补充，而自己可以满足自己百分之八十或更多的爱的需求。在这样的状态下，我们便真正摆脱了依赖，成为自己生活的主人，可以自主地创造和维护自己的生命状态，同时也拥有了贡献伴侣的能力和资源。

美好的亲密关系是一个高能量场，为彼此补充宝贵的心灵能量，这就是爱。这个场域是由两个彼此遵循爱的二八法则、拥有自爱能力的伙伴共同创造的。

成功的亲密关系基于两个重要共识

亲密关系就像一个生命体，它有和谐的时候，也有分裂的时候；它有成长和繁荣的时候，也有停滞和衰退的时候。亲密关系又像是伴侣之间孕育的一个能量场，伴侣双方的心灵健康程度和生命发展水平极大地决定了这个能量场的状态和意图。

所以，一段亲密关系是否成功，取决于参与创造和经营的两个人是否达成以下两个重要共识：

第一个共识：各自向内看。亲密关系中绝大部分的问题和矛盾，可以帮助我们看到内在的伤痛、恐惧和限制性信念。比如：伴侣说话的方式让我们感到自卑，伴侣的回避让我们感受到被抛弃的恐惧，伴侣爱的方式不是我们想要的。如果无法觉察和疗愈自己的内在问题，而只是单方面地指责伴侣、控制伴侣，一旦把伴侣变成问题，情感战争就爆发了，亲密关系便会从和谐走向分裂。

第二个共识：双方共成长。生命本身就是一个持续成长的过程，想要通过恋爱和婚姻，依赖或寄生于他人，获得一劳永逸的幸福，这不符合生命进化的规律。亲密关系初期欣欣向荣的状态，恰恰是两个生命体能量状态俱佳的体现，一旦个体的生命发展停止了，双方共同孕育的这个能量场也必然会因为失去共鸣、动力和目标，而慢慢走向停滞或衰退。

爱是走出自己的世界，勇敢走进对方的世界，最终拓展两个人的世界

觉察一下，我们和伴侣生活在同一个世界，还是两个平行世界。这里的同一世界不仅包含身体层面的共存，还包含心灵层面的共鸣；而两个平行世界意味着虽然两个人同在一个屋檐下，两颗心却如此孤立、如此遥远、如此无法同频。

受困于自大或自以为是的人，很难真正意义上去爱一个人，他们执着地待在自己的世界里，认为只有自己的认知才是对的，只有自己掌握着世间唯一的真理，不愿意去了解和探索伴侣的世界，反而更愿意改造和吞没伴侣的世界。

受困于自卑或自我限制的人，也很难真正意义上去爱一个人，他们执着地躲在自己的世界里，这是他们的安全区。任何超出他们认知范围的事情，对他们来说都是一种威胁、侵犯和伤害，他们常常被吓回到自己那个孤独而狭小的世界里。

两个人能够相爱，本来就是宇宙中的一个奇迹；两个人能够相爱，也是彼此生命中最重要的一次成长。这需要我们勇敢地走出我们自己的世界，包括我们的物理空间和心灵空间，超

越我们的伤痛和恐惧，打破我们有限的认知和经验，勇敢地走进对方的世界，了解对方的世界，与对方产生深刻的、多元的沟通和共鸣，并通过相互学习、共同经验和超越挑战，让彼此的生命得以发展，最终拓展两个人的世界。

高层级的伴侣一定知道关于彼此的
八个问题的答案

真爱基于伴侣对彼此的深刻理解和尊重。高层级的伴侣一定知道关于彼此的八个问题的答案，看看你们知道几个？

第一个：彼此的人生目标和追求。从生命发展的角度来看，亲密关系是支持伴侣双方生命持续发展的重要组成部分。如果你们能够支持彼此实现各自的人生目标，或者对生命发展有共同的追求，那么你们将体验到最高品质的亲密关系。

第二个：彼此对于亲密关系的目标和期待。亲密关系是两个人的共同创造，你们当然需要知道并且达成共识——想要一起创造和实现什么。

第三个：彼此过去曾遭遇过怎样的心灵创伤。两个明明相爱的人在亲密关系中受苦，通常是因为彼此过去在亲密关系中的心灵创伤爆发了，使得两个人进入无意识地自我保护或破坏关系模式。如果真的相爱，就一起去面对和疗愈这些创伤吧。

第四个：彼此需要多少独处的时间。伴侣既需要陪伴，也需要独处。不需要当一个焦虑的拯救者，总想要拯救伴侣于危难之中。有的时候给他足够的独处时间，就是对他最大的支持。

第五个：当伴侣遇到压力时，如何做能让他感觉好一些。比如在我遇到压力时，我的爱人黄老师会给我一个拥抱，或者端上一杯茶或咖啡，或者带我去做一个SPA。当我感受到她的关注、理解和爱时，我的压力已经消散了大半。

第六个：什么样的压力会让伴侣情绪失调？压力是我们生活中非常普遍的存在，了解伴侣的压力来源，既不会在他情绪失调的时候认为是自己哪里做错了，也能知道如何更好地支持他。

第七个：彼此喜欢的爱的表达方式。比如"爱的五种语言"里包括肯定的言语、服务的行为、礼物和惊喜、高品质的陪伴和身体的抚触。以伴侣喜欢的方式去爱他，而不是以你习惯的方式去爱他。

第八个：彼此的依恋风格。我更希望大家能够中性地看待焦虑型依恋风格、回避型依恋风格和矛盾型依恋风格。其实伴侣的依恋风格恰恰透露出他在关系里需要什么。焦虑型依恋风格的伴侣需要更多的沟通、陪伴和身体联结，回避型依恋风格的伴侣需要更多的独处空间、尊重、信任和鼓励，矛盾型依恋风格的伴侣则需要在被理解和被尊重的情况下，以流动且稳定的方式相处，让他从对亲密关系的恐惧中脱敏。

9/

婚姻的三种模式

婚姻考验的不是两个人相处的能力，而是两个人各自独处的能力。基于这种能力的不同，不同的夫妻会创造三种不同的婚姻模式。

第一种：两个无法与自己相处、不爱自己的人，会创造出相互折磨的婚姻。有些是一方过不好，就不会允许另一方过好的；有些是双方都把让自己幸福的责任转嫁给对方，或者让对方为自己的不幸福负责。无论是哪种情况，其实都是折磨。

第二种：一个知道如何与自己相处的人和另一个不知道如何与自己相处的人，会创造一种失联的婚姻。懂得爱自己的人和不懂得爱自己的人，其实并没有生活在一个频道上，彼此很难真正理解，也很难相互沟通、达成共识。

第三种：两个都能与自己相处、知道如何爱自己的人，会创造繁荣发展的婚姻。两个不纠结、不内耗且能自我满足的人，既能够在相处中给彼此赋能，又能在独自一人时照顾好自己，还可以把这种宝贵的能力传递给家人、朋友和下一代。

10

健康的爱需要适当的空间

不知道大家有没有遇到过这种情况：两个人明明非常相爱、亲密无间，但紧随其后的却是一场争吵，冷战，甚至是两个人物理空间上的分离，或者是心灵空间上的切断。

这极有可能意味着：你们之间的爱过度了。五种过度的爱会给彼此带来巨大的压力，而且可能诱发彼此过往的情感创伤。

第一种情况：过度的爱侵占了伴侣的独处时间。无论我们多渴望与伴侣联结，我们和伴侣都需要独处的时间来放松和整合自己的身心状态。过度的爱侵占了这部分时间，伴侣的内在就会开始闹脾气，因为他的需求被忽视了。

第二种情况：过度的爱增加了伴侣的生活压力。伴侣也有他需要面对和处理的问题和挑战。过度的爱会在这些原本的生活压力之上，给伴侣造成更大的压力。比如，工作还没做完的伴侣被我们要求一起玩。

第三种情况：过度的爱让伴侣失去了生活的主导权。过度的爱非常有可能会把伴侣全方位地"包养"起来。这种"包养"

在前期会给伴侣带来巨大的幸福感，然而一段时间后，伴侣会慢慢因为失去生活的主导权而变得不安和焦虑。

第四种情况：过度的爱让伴侣感觉被控制和吞没。伴侣非常有可能因为遭遇过控制型或吞没型的养育者，而形成了回避情感的自我保护机制。在伤痛被疗愈之前，伴侣会非常敏感地把我们的行为投射为控制和吞没。

第五种情况：过度的爱让伴侣怀疑自己是否值得被爱。对于自我价值感低、内心充满伤痛、不相信自己值得被爱的人来说，对方越是爱他，他反而会越焦虑、越恐惧，越想要把对方推开。在黑暗中待太久的人是惧怕光明的。

此外，过度的爱，还会削弱彼此的神秘感和吸引力等。而健康的爱，需要适当的空间。

11

爱是伴侣间的五层心灵共鸣

爱到底是什么？两个人又会在什么情形下产生爱的感觉呢？我们说爱是一种共鸣。感受一下"共鸣"这个词，无论是恋爱初期两个人之间的各种心灵感应，还是恋爱中两个人之间的各种默契，无论是重大事件上双方达成的共识，还是一次简单沟通中彼此的同频，爱都是一种共鸣。爱在彼此的共鸣中生发，又在彼此失去共鸣的过程中消退。

伴侣间的五层心灵共鸣，赋予两个人巨大的精神能量和被爱的深刻体验。

第一层心灵共鸣是存在感。这意味着伴侣双方能够相互关注、相互看见、相互陪伴，相互沟通和分享，有亲密的身体联结。在这些互动中，伴侣能够感受到彼此真实的存在。存在感是爱最底层的心灵共鸣。

第二层心灵共鸣是安全感。有很多人因为害怕老了一个人而选择进入亲密关系，这是很实在的安全感需求，还有脆弱时，彼此的照顾和守护。

第三层心灵共鸣是归属感。这代表伴侣双方不仅仅在关系层面确认彼此的身份，更能够在心灵层面彼此接纳、彼此理解、彼此认定双方是世界上最好的朋友，双方归属于一个真正的团体。

第四层心灵共鸣是被尊重。这意味着彼此的需求、意愿和边界在亲密关系中被聆听、被理解、被尊重、被重视和被满足。伴侣不再把彼此当作自己可以为所欲为、有恃无恐的人，而是彼此最为尊重和重视的人。

第五层心灵共鸣是价值感。亲密关系对于伴侣双方的福祉和生命发展都非常重要。这意味着伴侣双方在亲密关系中激发和支持彼此活出更大的生命价值和意义。

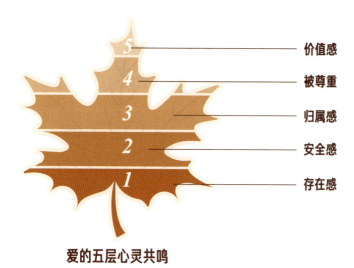

爱的五层心灵共鸣

12

"自我披露"让两个人的心越来越近

不论别人是如何评价我们与伴侣的关系，也不论我们自己如何看待和伴侣的关系，伴侣之间的这一个行为，才是决定我们亲密关系真实品质的关键。

这个行为便是伴侣之间的自我披露。简单来说，就是多大程度上，伴侣之间可以深入地分享和了解真实而全面的彼此。

自我披露的内容包含但不限于彼此的童年创伤、情感经历、缺陷或疾病、压力和债务、长期内疚的事情或性需要、性幻想等。

与那些被我们粉饰或者伪装的部分不同，这些都是与我们心灵内核最相关的部分，如果从来未有机会被披露和分享，即使我们处于名誉上的某种关系，我们的内心依然是孤立的、孤独的、不安全的和没有归属感的。

若伴侣之间有机会更深入地、更全面地分享自己真实的内在，这将是一个非常重大的心灵疗愈和成长事件。这意味着分享者超越了自身的不安和恐惧，以接纳和勇敢的心态面对自己；

而聆听者则包容和承载了对方的伤痛和恐惧。在这个过程中，爱、安全感和信任便会在伴侣之间油然而生。

　　伴侣之间的自我披露程度越高，彼此之间的爱和信任越多，亲密关系越健康、越紧密。反之，即使在关系里，两个人也会因为被困在各自的伤痛和恐惧里而无法亲近。

13

亲密关系成功的头号心理因素是……

我们如何与一个认定亲密关系会失败的人好好地相爱呢？我们真的相信亲密关系会有未来吗？我们的伴侣真的相信亲密关系的未来是一片光明吗？

这似乎已经成为施加在人类同伴对于亲密关系的一个普遍魔咒。无论是对亲密关系的糟糕记忆、失败经验，还是对于死亡和分离的终极恐惧，都会让人类同伴在面对亲密关系时，更容易采取拒绝、躺平、回避、推开和切断的自我保护机制。

我们对亲密关系的恐惧和悲观主要来自三个方面：我们生命早期被养育者对待的方式、我们见证的养育者之间的亲密关系、我们过往所经验的亲密关系。这三个方面中的糟糕经验和伤痛记忆会不断累积和叠加，在潜意识中逐渐对亲密关系形成悲观和恐惧的认知。

虽然有的时候我们看起来像好了伤疤忘了疼，或者出于对爱的渴望让我们短暂超越恐惧而拥抱彼此，但随着亲密关系的深入，心灵深处的怀疑、悲观和恐惧会卷土重来，进而做出一些推开伴侣的事情——人在心不在地和伴侣相处，用加班或游戏等各种借口回避伴侣，或者干脆和伴侣分手，等等。

所有这些行为的背后，都是我们潜意识中由过往生命经历所形成的经验和信念在作祟。当我们对亲密关系的信念没有改变，情绪的激发、主观的意愿或行为的努力只能在短时间内增进我们和伴侣之间的亲密关系。而亲密关系成功的头号心理因素是我们相信亲密关系是美好的、令人期待的，并且是圆满的。底层的信念将不断推动我们的主观意愿，激发情绪能量，勇猛地去爱和探索，并最终创造我们所相信的画面。

14

原来安全感是这样相处出来的

很多人苦恼在亲密关系中缺乏安全感，这确实是一个比较普遍的情感问题。安全感是亲密关系的基础，也是我们走进亲密关系的一个核心需求。但遗憾的是，原生家庭和过往亲密关系中情感安全感体验的缺失，让我们不知道情感上的安全感究竟是什么样子的。

以下这五个方面，会帮助我们了解什么是情感安全感，以及如何和伴侣创造情感安全感。

第一个方面：伴侣之间真实而开放地交流。真实而开放能创造信任。对的人不会用你的伤痛和脆弱攻击你，反而会支持你疗愈伤痛或尽可能地保护你。

第二个方面：伴侣之间既可以互相依赖，也拥有各自的边界。过度的依赖和侵犯边界，是关系衰败的一个主要原因。

第三个方面：伴侣可以共同参与重大的决策。伴侣不是关系中的附属，而是最重要和值得尊重的伙伴。

第四个方面：伴侣之间能够创造一个情绪疗愈中心，情绪在这里可以被表达和转化，但不包括用情绪攻击伴侣。

　　第五个方面：伴侣之间有足够的陪伴或高品质的陪伴，让彼此感觉被看见、被听见、被理解并且被接纳。

　　即使是双方都缺乏安全感，也可以通过这五个方面，重建伴侣之间和自己内在的情感安全感。

03 »
共同参与重大的决策

04 »
情绪疗愈

02 »
既可以相互依赖，也拥有各自的边界

05 »
足够的或高品质的陪伴

情感安全感的五个方面

01 »
真实而开放地交流

15

相互示弱的伴侣反而更有安全感

情感亲密是亲密关系的基础，而建立真正的情感亲密，需要两个人可以呈现真实而全面的自己。一味地逞强或试图展现一个完美的自己，只会增加距离感和另一方的自卑感；而可以相互展现缺点和脆弱的伴侣，反而会更有联结感和安全感。

有多少人在原生家庭或过往的亲密关系中，丧失了这种能力和经验，认为只有努力展现自己优秀的一面，才能赢得父母或伴侣的接纳和认可，以及维护与他们之间的关系。然而大家是否觉察到，无论我们多么优秀、多么成功，我们依然处于某种恐惧和孤独之中。我们深深地质疑，当有一天我们不够优秀、不够成功、不够强大，所有的爱和关系是否将离我们而去。

现在，我们迎来了一段新的关系，我们非常有机会在这段关系中，打破原来的旧有模式，超越自卑和低价值感的恐惧，通过接纳和展现自己的脆弱，也邀请和接纳伴侣展现他的脆弱，创造一种基于爱、而不是基于恐惧的关系。我们会发现当两个人敞开心扉、呈现真实而全面的自己时，才算正式建立真正的情感亲密。

　　向伴侣展现脆弱可能会把一些人吓跑，也可能遭遇评判和攻击，但勇敢超越内在恐惧、相互示弱的伴侣无疑是更健康、更成熟和更有爱的伴侣。他们会创造更有归属感、联结感和安全感的关系。

三种话决定了我们亲密关系的不同品质

我经常提醒大家：我们长了一个头，不是用来胡思乱想的；我们长了一张嘴，不是用来胡言乱语的。然而，依然有非常多的人类同伴在大多数时间里会胡思乱想和胡言乱语，特别是在亲密关系中。我们每天所说的三种话，决定了我们与伴侣亲密关系的不同品质。

第一种话：消耗的话。任何消耗自己能量和伴侣能量的话，都属于消耗的话，包括贬损、指责、抱怨、嘲讽、恐吓和攻击等话语。这些话语会极大地消耗自己和伴侣的生命能量，甚至将伴侣推至崩溃的深渊。要知道，我们无法一边无尽地消耗伴侣的生命能量，一边还期待伴侣以高能量的爱的状态回应我们。

第二种话：表面的话。虽然不像消耗的话那么具有攻击性和伤人，但表面的话其实是一种没有营养的、形式主义的沟通，最终只能创造一种假性亲密关系。比如伴侣之间只聊一些今天吃什么了，穿得暖不暖，或有关别人的八卦、大众关注的社会事件等。这些话题完全无法帮助彼此增进感情。

第三种话：赋能的话。赋能型的沟通是一种特别重要的爱的能力的体现，包括对伴侣表达感谢和感恩，对伴侣表达欣赏和敬佩，给予伴侣安慰和鼓励等。这些话语不仅可以快速提升伴侣的生命能量，更能在伴侣的潜意识中慢慢形成对他、对你、对亲密关系以及对于生命意义的正向看法。而当一个人在高能量的状态中，当然会有更多爱的互动和创造。

此刻，请觉察一下，我们每天更多地在说赋能的话，还是消耗的话、表面的话。

17

真正相爱的伴侣间会有七个小动作

亲密关系分为两种，一种是演绎出来的亲密关系，一种是真心相爱的亲密关系。相比起演绎出来的亲密关系的矫揉造作，真心相爱的伴侣间会有七个隐秘的、发自内心或出于潜意识的小动作。

第一个小动作：相爱的伴侣会自发地做出一些照顾彼此，让彼此更舒适的服务行为。这些自发的小动作，很多时候是一种无条件的爱的表达，他们这么做只是因为爱对方，希望对方更舒适。

第二个小动作：相爱的伴侣相处时会全神贯注。如果头脑有焦虑和恐惧，它就试图用各种方式转移注意力。而相爱的人会身心合一地、全神贯注地相处。

第三个小动作：相爱的伴侣总是会情不自禁地有一些身体上的抚触。比如亲吻、轻抚脸颊、整理头发、靠在彼此肩膀上等。身体是诚实的，它愿意靠近谁，就对谁有安全感，就会喜欢谁。

第四个小动作：相爱的伴侣愿意分享彼此的生活。这是一种增进彼此存在感和安全感的好办法，虽然不在彼此身边，但感觉就像在彼此身边。

第五个小动作：相爱的伴侣彼此会在朋友面前积极地谈论对方。不愿意谈及或者负面地谈论伴侣，其实都是潜意识中不喜欢或不确定的表达。

第六个小动作：相爱的伴侣不仅不会回避眼神交流，而且看见彼此的眼睛会情不自禁地微笑。眼睛是心灵的窗口，这说明潜意识中，伴侣彼此信任和喜欢。

第七个小动作：相爱的伴侣在彼此身边时，心情就会很好。真心相爱的伴侣能够让彼此的痛苦减半，让幸福加倍。

五件爱的小事
让伴侣之间越来越亲密

如果希望与伴侣的关系越来越亲密，不妨在往后的日子里，尝试去做这五件爱的小事。你们会非常真实地感受到这些小事带给你们关系的改善。

第一件小事：放下手机，真正地和伴侣在一起。在一起可以是好好吃一餐饭，和伴侣一起欣赏美景，眺望远方，又或者是看着伴侣的眼睛，将其拥入怀中。这些真实的、深刻的、高品质的联结才是有效给彼此补充爱的能量的行为。

第二件小事：给伴侣准备一个惊喜或者为伴侣的进步和成长而庆祝。记得有一位小伙伴非常感慨地分享道：她的先生为她精心准备的一个生日派对，彻底疗愈了她从未得到过家人重视，甚至基本忽略她生日的内心创伤。

第三件小事：问问伴侣你可以帮他做些什么，或者做些什么能让他更开心，又或者更能让他感觉到被爱。虽然很多时候伴侣自己可以处理好他自己的事情和情绪，但你的关心、询问和贡献真的可以让他真实地感到被爱。

第四件小事：和伴侣一起做家务或整理房间。这是一个非常古老、神奇且能有效增进彼此感情的行为。如果你喜欢观看《动物世界》，会发现动物界中的配偶经常一起收拾它们的窝或洞穴。

第五件小事：和伴侣分享一个你的生命故事。不光是分享那些生命中的高光时刻，也可以分享你受伤、脆弱和无助的经历。生命经历的分享会增进彼此的理解，更能够增进伴侣之间的安全感和归属感。

19

共同成长的伴侣会一起做的十件事

遇到有意识自我成长的伴侣，已经是一件非常幸运的事情；而能够遇到和我们一起做这十件事、共同成长的伴侣，则更加难得。

一、一起讨论和制定彼此的个人成长目标和关系发展目标。没有目标的关系就像迷失在风浪中的船舶，永远无法到达双方想去的彼岸。

二、每个月两个人都会坐下来，复盘和评估他们朝着共识的目标进步了多少，有哪些可以调整的。有了目标，跟进同样重要。

三、清楚和确认如何正有效地支持彼此，实现个人成长目标和关系发展目标。

四、学会如何正向设定伴侣双方在关系中的角色和责任，而不是用指责和评判不断攻击伴侣。

五、一起阅读和学习有关沟通、健康依恋、爱的本质和提升亲密关系能力的书和课程，这可以让两个来自不同亲密关系教育背景的伙伴走出各自的局限，达成共识。

六、有能力就财务、性生活、家庭责任、子女教育和各自的责任与贡献进行开放式的关键对话。所有无法沟通的问题，都会慢慢累积发酵成破坏关系的矛盾。

七、积极参与到有益于彼此身心健康的活动中，发展共同的爱好，建立可以给彼此支持、补充能量的健康的生活方式。

八、不断探索和疗愈自己。通过对自己的探索和疗愈，至少我们会对伴侣更加慈悲和理解，更有可能鼓舞伴侣开启自我探索和疗愈。

九、多和正向的、真正幸福的人或夫妇交往，以此组成一个非常重要的成长团队，共同维持你们的生命状态。

十、每一天都用心探索爱的方法，包括身体层面、心理层面和灵性层面的方法。不断练习自爱和爱他的能力，为彼此和这段关系注入爱的能量。

七个幸福的习惯
彻底改变你们的亲密关系

幸福的习惯创造幸福的亲密关系，受苦的习惯创造受苦的亲密关系。从今天开始，邀请你和你的伴侣开始践行并培养这七个幸福的习惯。一年以后，你们会惊叹关系的巨大改善。

第一个习惯：停止指责和抱怨。哪怕依然有很多被伤害或不满意的事情，也要开始欣赏和感恩自己所拥有的和伴侣为自己付出的。指责和抱怨持续释放负能量，欣赏和感恩孕育正能量。

第二个习惯：拥抱孤独，学会独处。在独处的时间中，找到最能让自己休息放松、补充能量和自我提升的方法。就像一次小小的闭关，出关时你变成了一个更好的、更具吸引力的人。

第三个习惯：逐渐与负能量的父母或朋友保持距离。在很多亲密关系中，伴侣关系本来是正常的，却因为各自糟糕的原生家庭和社会关系而受到影响。有意识地和这些外在负面影响保持距离。

第四个习惯：放下手机，开始交谈。可以说手机已经是人类情感健康的隐形杀手，过度使用手机大大降低了人类的同理心和联结感。而交流，让我们重新感受到爱、安全感和归属感。

第五个习惯：找到一项你和伴侣之间的共同爱好。伴侣关系的一个核心面向是朋友关系，而拥有共同爱好的朋友关系，会充满乐趣、激情和持续的共鸣。

第六个习惯：尽可能多地身体联结。无论是牵手、拥抱、亲吻，还是帮对方揉揉太阳穴，梳理对方的头发或相拥而眠，这些都是通过身体来重建彼此潜意识中的安全感、被爱感和归属感最直接的方式。

第七个习惯：不断和伴侣一起设定正向的目标。拥有正向目标的伴侣更容易从崩溃中看到希望，且不会过度关注关系中负向的一面。正向的目标让一段关系持续成长，并充满希望。

21

睡眠对爱很重要，
好好睡觉是好好相爱的基础

很多时候，我们都低估了睡眠质量对感情的影响。事实上，睡眠不足是造成情感破裂的一个重要原因。睡眠不足的伴侣更容易在情感中做出冲动的行为，甚至提出分手。

首先，睡眠不足会严重影响我们的精力。大家也许都有过熬夜之后次日生无可恋的体验。这意味着我们的能量几近耗尽，慈悲与智慧都受到影响，耐心和创造力更是大打折扣。在这样的情况下，伴侣之间的小冲突特别容易被放大，甚至会因为对方说话没说明白而大发雷霆。

其次，睡眠不足会导致我们的情绪失控。我们大脑中的杏仁核可以被视为一个警报中心，对情绪起着关键作用。而前额叶皮层是我们做出理智判断的决策中心。失眠会阻碍杏仁核和前额叶皮层的连接，导致我们更容易采取情绪化的冲动行为，包括对对方过度的侵犯、攻击、伤害，对自己的攻击和伤害，甚至是决定切断关系。

最后，长期的睡眠不足会引发抑郁和焦虑。抑郁和焦虑很大程度上会使我们的认知和感知系统失调，进而产生悲观、恐惧、无助甚至绝望的感受。在这些感受的主导下，我们很容易对自己、对生活、对亲密关系失去动力和信心。

　　所以，如果我们爱自己，爱我们的伴侣，重视彼此的亲密关系，请务必调整好我们的睡眠习惯。能够好好睡觉，是伴侣能够好好相爱的基础。

这五句爱情咒语
让你们越来越相爱

美好的语言和正向的沟通，是伴侣之间创造爱和分享爱最基础的方法之一。在日常生活中多说这五句话，它们会像魔法一般，让伴侣间的感情越来越好。

第一句：谢谢你。对伴侣说"谢谢"不仅是看见和肯定伴侣的付出，还能在伴侣之间建立起一个互帮互助的正向循环，更能帮助伴侣强化内在的自尊和自我价值感。

第二句：我爱你。无论在感情的任何阶段，"我爱你"都不是老生常谈，而是不断地提醒伴侣：你是有人爱的，你很重要，我在你身边，我们之间一直有着紧密的联结感。

第三句：你真美或者你真帅。不知道大家是否意识到语言对于容貌的影响，伴侣彼此的赞美和欣赏，真的会让他们的外在愈发美丽和英俊，更有自信的底色。

第四句：玩得开心或好好享受。健康的关系不是把伴侣紧紧地拴在自己身边，而是希望伴侣可以更加开心。在伴侣享受自我时间或是独自面对生活时，祝福他玩得开心或好好享受，能够帮助他培养更好的独处能力，并能鼓励他有意识地在自己一个人的时候，更好地爱自己。

第五句：我为你感到骄傲。不是你让我感到骄傲，也不是你是我的骄傲。"我为你感到骄傲"意味着伴侣的存在本身就是美好的，他的所作所为本身就是美好的，而不是因为他满足了我的需求或达成了我的期望。这种本质的认可会赋予伴侣强大的爱的能量，持续推动他的生命发展。

23

如何建立亲密关系？
亲密关系的五种核心亲密

亲密关系其实不是一种关系，而是由五种核心的亲密组成的关系体。当伴侣之间能持续地在这五种亲密体验中探索、深入和成长，并产生更巨大的共鸣时，将会创造巨大的爱和持续发展的亲密关系。

第一种亲密是情感亲密。我们会和伴侣分享很多深层的情感和经历，包括我们的羞耻、内疚、悲伤、恐惧和愤怒等。能够建立彼此接纳、不被评判、安全自由的情感交流是亲密关系的基础。非常多的亲密关系正因为缺乏这个基础而摇摇欲坠。

第二种亲密是认知亲密。我们会和伴侣分享非常多各自成长过程中形成的认知，包括知识、经验、观点、看法、理念等。能够建立彼此包容、相互尊重、相互学习的认知共享是亲密关系的升级。非常多的亲密关系正因为缺乏这个升级而矛盾重重。

第三种亲密是身体亲密。我们会和伴侣通过身体的各种联结和互动来体验亲密和创造爱，包括牵手、亲吻、拥抱、抚触等。彼此连接、相互关爱，且不断探索用身体表达爱是亲密关系的创造。非常多的亲密关系因为缺乏这种创造而失去能量。

第四种亲密是经历亲密。这其实就是我们所说的交情。我们会和伴侣共同经历非常多的生命事件，有让我们感觉特别幸福、充满感恩的，也有带给我们挑战、激发我们成长的。互相交织的、共同面对和共同成长的经历亲密是亲密关系的主干，经历得越多，关系发展得越好。

第五种亲密是灵魂亲密。两个通过自我探索和成长，真正活出了本我和真我，并了解了自我的存在本质、生命意图和人生发展蓝图的伴侣将有机会来到这个层面。他们的心灵和整个生命会紧密交织在一起，在爱的不断推动下，体验生命的巨大成长，并在此过程中贡献彼此和贡献世界。

在亲密关系中创造爱、体验爱和分享爱，是生而为人最高级的生命体验和成长方式之一。

24

亲密关系意味着和伴侣一起学习十门功课

亲密关系意味着和伴侣一起学习十门功课——意义深远且重要，在幸运的情况下，我们将会和伴侣相伴一生，终身成长。

第一门功课：信任和安全感。我们很多人在各自的原生家庭或过往的亲密关系中并未对人和亲密关系建立健康的信任和安全感。因此如果我们和伴侣对这段关系是认可的，彼此是真正相爱的，帮助彼此建立信任和安全感就是第一门要学习的功课。

第二门功课：成熟而独立。无论我们有多照顾伴侣，也无论伴侣多照顾我们，养育型的亲密关系都会阻碍彼此的生命发展，注定无法长久。所以第二门功课是学习如何在亲密关系中逐渐成为一个成熟而独立的人。

第三门功课：伤痛和应激反应。我们和伴侣有着不同的成长背景和经历，而且大概率有着各自的伤痛和对应的应激反应。识别和疗愈这些伤痛，帮助彼此走出特定的、破坏性较大的应激反应是亲密关系中要学习的第三门功课。

第四门功课：合作和共同成长。长久的亲密关系需要伴侣之间磨合形成合作关系，共同成长，否则关系会因为彼此成长速度的差异而分裂。

第五门功课：沟通。团队管理和亲密关系有着非常相似的地方，就是沟通的占比都可以达到百分之七十五。沟通对于亲密关系就像血液循环一样必不可少。

第六门功课：打破自卑或自恋。自卑的人和自恋的人通常都有着相同的破碎的内心，就是缺乏真正的亲密关系和爱。既然自卑和自恋的人特别容易相互吸引，就携手走出这个模式吧。

第七门功课：虐待和操控的关系模式。这非常有可能是伴侣各自从原生家庭中学到的关系模式，既然都知道这种模式对人对己的伤害，就不要再继续互相伤害了。

第八门功课：金钱的功课。能否获得和运用金钱，既是一种特别重要的生存能力，也是内在自我价值感的一种体现。我们和伴侣在金钱方面的功课，做得怎么样？

第九门功课：生活方式。我们和伴侣是否找到了或创造了属于双方且适合彼此的生活方式，而不是人云亦云，像大部分随波逐流却不开心的人类同伴那样生活？

第十门功课：生命意义。我们和伴侣要努力成为此生最好的同桌、朋友、再生父母、老师和教练，在亲密关系中活出更高版本的自己。

25

如何用五句话让伴侣敞开心扉？

很多小伙伴反应与伴侣之间似乎隔着一堵高墙，无论自己多努力，似乎都无法帮助伴侣敞开心扉，特别是感到伴侣状态不佳的时候。虽然他会说自己"没什么，没有事，你想多了"，但事实上两个人都清楚真相并不是这样的。

的确，非常多的伴侣在亲密关系中存在着沟通障碍，包括因为害怕不被接纳、被评判而不敢沟通，或因为害怕被伤害、被攻击而逃避沟通，还有因为成长经历中遭遇过情感忽视而缺乏沟通的实际能力和经验等。

如果希望改善和突破这种沟通障碍，帮助伴侣敞开心扉，给予伴侣真正的心灵支持，并在接下来的亲密关系中重建健康的沟通模式，我们需要以身作则，以安全的、温柔且有力量的正向沟通方式与伴侣展开沟通。

以下是五句能够帮助伴侣建立安全的心灵空间，鼓励分享，敞开心扉的沟通话语：

第一句：很抱歉看到你这么难过，或者亲爱的，我感受到了你的难过，有什么我能帮忙的吗？

第二句：如果你想聊一聊或是需要些什么，我会在这里陪着你。

第三句：悲伤或愤怒是被允许的，它们一定有其原因。你想谈谈发生了什么吗？

第四句：亲爱的，我是来倾听和支持你的，只有当你想要分享时，我才有机会真正聆听和支持你。

第五句：我们是世界上最亲密的伙伴，无论你遇到怎样的苦难和挑战，我都会在你身边支持你。

也许一些伴侣一生都未以爱的方式沟通过，以至于他们不再信任任何人。但也许你就是那个出现在他生命中，帮他敞开心扉，让他愿意重新迎接爱的人。

成熟伴侣间的五个情绪共识，
每一个都可能挽救无数感情

有多少原本美好的亲密关系毁于一场情绪爆发？又有多少人真正掌握了处理情绪的正确方法？

我们发现越是成熟的伴侣越是对情绪有着更深的理解和更健康的处理方式。以下五个成熟伴侣间的情绪共识，每一个都可能挽救无数感情。

一、有负面情绪是正常的，是被接纳和允许的。负面情绪就像一场心灵感冒，成熟的伴侣不会因为任何对方感冒了而攻击和指责对方，而会首先接纳和允许伴侣的负面情绪。很多时候，这种接纳和允许对伴侣来说就是最好的疗愈。而越是不接纳或者攻击，越会加剧对方的负面情绪。

二、鼓励情绪释放，觉察情绪攻击和操控。成熟的伴侣非常清楚情绪释放与情绪攻击和操控之间的区别。情绪释放是指伴侣知道自己有情绪，并主动用适合自己的方式，比如运动、静心，或在安全的空间用释放情绪的方法转化和调整自己的情绪，而情绪攻击和操控则是任性地、恶意地攻击和报复伴侣。

三、女人被允许愤怒，男人被允许悲伤。人类的集体意识中有非常多有违人性，也不科学的狭隘观念，比如不允许女性表达愤怒，不允许男性表达悲伤。成熟的伴侣会允许彼此如实地表达情绪。如果男性能在女性面前示弱，女性能在男性面前愤怒，这是多么有力量的关系啊。

四、练习与伴侣达成情绪共鸣。当伴侣陷入悲伤，鼓励伴侣通过沟通表达他的感受，之后如果我们能不加评判地、慈悲地、勇敢地和伴侣一起哭泣，那么这是伴侣之间非常美好的一种心灵联结，会增进彼此之间的信任和情感联结，更会提升彼此的同理心和慈悲心。

五、为自己的情绪负责，为自己的心灵健康负责。如果我们意识到自己经常被某种负面情绪支配，处于崩溃的状态，通常意味着这个情绪背后存在一个未被疗愈的创伤或者一个长期被压抑的需求，导致我们对特定事件过敏。只有负责任地带领自己疗愈创伤和满足需求，我们才能重获心灵健康。

27/

心灵觉醒的人更少用"明明"和"应该"要求伴侣，而是……

判断一个人心灵觉醒的重要标志，是他在与伴侣的相处中，越来越少用"明明"和"应该"这两个词来要求伴侣。

我们每天多用一次"明明"和"应该"，就是多一次证明自己的无知；越是理所当然地要求伴侣为自己做事情，越会加剧亲密关系中的矛盾和裂痕。

这个世界上没有"明明"和"应该"这回事儿，因为每个人的生命经验是独一无二的，独一无二的生命经验又塑造了每个人对人、事、物的个性化认知、判断和标准。在心灵未觉醒之前，每个人都像瞎子摸象一样，用自己有限的经验和感受，宣称大象"明明"或者"应该"是一把扇子、一根柱子、一条鞭子或一堵墙。我们如此无知者无畏，自以为是地固守己见，誓要与伴侣争个高下，居高临下地要求伴侣一定要以自己的方式，服从自己和满足自己。

而心灵觉醒的人明白自己的感知和意识非常有限，他们愿意向伴侣学习，拓展自己，同时他们会以尊重和感恩的心态，邀请自己的伴侣为自己做一些事情，或者与自己合作共同完成一些事情。因为他们深知这个世界上，任何人都不能理所当然地要求他人满足自己。即使伴侣未能在这一次满足自己，他们也不会记恨在心，而是勇敢地探索其他方式满足自己。

去觉察你和伴侣相处中的用词，它们反映着你们心灵觉醒和成熟的程度。

伴侣无法相互理解，太正常了

很多小伙伴苦恼伴侣不理解自己，或者自己不理解伴侣。其实，伴侣之间无法相互理解，实在是太正常了。

首先，男人和女人可以说是两个物种。除了生理层面的差异之外，在社会层面，男人和女人之间也有着天壤之别。女性被教导更看重家庭关系，男性被教导更关注社会地位。这种本质的区别，导致关系中的错位和无法相互理解。

其次，伴侣双方其实来自两个不同的部落。两个部落之间通常存在着巨大的文化差异。比如，一个部落可以随意发泄情绪，另一个部落强调要理性处理问题。而且，双方都认为只有自己是对的。于是，来自两个不同部落的伴侣无法相互理解。

最后，两个人之间存在着巨大的个体差异。年龄和时代差异、地域和文化差异、认知和经验差异、需求和欲望差异、生活方式和习惯差异、社会地位和阶层差异、学识和行业差异、道德观和价值观差异、人生观和世界观差异等，还有最核心的差异——各自的情感创伤、对亲密关系的信念和各自习惯的亲密关系互动模式等。

　　对于未觉醒的、自以为是的、充满创伤的、不会沟通的、不知道什么是爱的伴侣来说，面对如此多、如此巨大的差异，双方无法相互理解，是不是再正常不过了？

"伴侣如何谈论前任"背后的
三个重大启示

伴侣在我们面前谈论前任，是亲密关系中一个非常有戏剧性且有深刻意义的沟通话题。而且它通常可以带给我们三个重大启示：关系的品质、伴侣的成熟度、关系的未来。

如果伴侣回避或者不愿意谈论前任，这背后有很多的可能，比如：伴侣还未完全走出上一段感情，对前任依然抱有强烈的负面情绪；伴侣担心我们无法接纳或认为谈论前任会伤害我们；伴侣是回避型依恋风格的人，异常小心地包裹住自己的过去和隐私以保护自己。这些通常意味着我们和伴侣之间的关系是脆弱的、紧张的、敏感的，是缺乏安全感、信任和接纳的。

如果伴侣一味地否定或抨击前任，把亲密关系的失败都归咎于前任，我们需要有智慧地看到这背后更加客观的真相：我们的伴侣是一个有责任心的人吗？我们的伴侣是一个拥有自爱能力的人吗？我们的伴侣是否习惯扮演受害者，指责对方以保护自己？我们的伴侣是否能明白亲密关系中的所有问题都是双方的责任，而不是一方的过错？这些都反映着伴侣的成熟度和生命发展水平。

　　如果伴侣能够自然地和我们谈及前任，反思自己和其前任在过往一段亲密关系中的不足，欣赏和感恩前任在自己生命中的贡献，并能够分享自己在过去那段亲密关系中的成长，这说明我们和伴侣创造了一个真正的爱的场域——彼此接纳、彼此理解、彼此信任，深刻联结。同时说明我们的伴侣非常成熟和具备爱的能力，对自己和他人有着深刻的理解、慈悲和爱，那么我们将非常有可能在这段亲密关系中，收获更高维度的生命成长。

30

伴侣之间的第一次冲突，
基本决定了一段关系的走向和成败

伴侣之间的第一次冲突，基本决定了一段关系的走向和成败。我们来看看第一次冲突发生时三种不同的情况和结果。

第一种：冲突发生越晚，破坏越大。大部分的伴侣会在亲密关系的前期竭力避免冲突，通常会呈现出无条件接纳、宽容、妥协，以及无边界和自我牺牲的状态，让关系中的一切都看起来闪闪发光，呈现出极致的美好。然而这种过度的和无法持续的容忍状态会在暗处滋生不满与矛盾，后期一旦爆发，将是剧烈的、复合的，特别是对两个以为遇到完美伴侣的人来说，是颠覆性的和毁灭性的。很多关系就此结束了。

第二种：冲突平息越快，风险越大。一旦冲突爆发，伴侣中的一方非常有可能以哄孩子的方式极力地讨好另一方来快速平息事端。的确表面上看起来冲突平息了，一切又恢复了正常。但事实上，讨好和妥协留下了非常多的长期隐患，比如，给伴侣错误的暗示，他可以在冲突中获胜或者获利；两个人失去了一次重要的看到并处理真正问题的机会，接下来的关系会危机重重；一旦一方停止讨好和妥协，两个人便会进入长期的战争。

第三种：冲突自然地发生，并被真正地超越。亲密关系的初期是彼此能量最高的时候，如果这时双方无法通过冲突来了解、磨合，并获得超越冲突的重要经验，那么事后再想解决过往深远的伤痛和矛盾，往往会积重难返。所以允许冲突自然地发生，并能真正地超越冲突，收获成长，是两个成熟的、生命发展水平较高的人类同伴之间应对冲突的策略。随着冲突被超越，通常双方会建立更深的理解、信任和安全感，为关系未来的发展，奠定重要的基础。

31

发展亲密关系的关键
——正向解决冲突的六个步骤

多少亲密关系毁于一次糟糕的冲突处理？即使是世界上最幸福的伴侣，也并不意味着他们之间完全没有冲突，而是他们拥有一种发展亲密关系的关键能力——正向解决冲突。

正向解决冲突分为六个步骤：

第一步：提供正能量。做一个发起人，以某种方式，比如道歉或承认自己的过失，表明自己希望朝着寻求恢复和谐关系的方向前进。

第二步：选择合适的时间和空间。确定一个适合沟通的时间，疲惫、饥饿、分心或压力大的时候都不适合沟通，同时选择一个安静的、不被打扰的空间，或者让双方感觉更高维的空间。

第三步：专注于一个问题。不要把这次宝贵的沟通当作一次算总账的机会。只专注一个问题的沟通和解决，同时注意这不是谁的问题，而是双方共同的问题。

第四步：聆听和反馈。给对方优先表达的机会。无论对方表达什么，都先倾听他的话，接纳他的情绪，很多负面情绪会在倾听和接纳后被释放。然后再反馈我们对该问题的观点和看法。

第五步：共创方案。寻找双方达成一致的解决方案和推进方案。确认彼此真正的需求，过程中会有让步或妥协，但这些也是爱的一部分。

第六步：求同存异，持续成长。有的时候，因为彼此生命发展水平的差异，伴侣双方也许无法就这个问题在这次沟通中达成共识。这时我们需要求同存异，而不是卡在这个问题上，应该把关注点收回到和伴侣持续发展关系的部分。只有双方持续地成长才能帮助彼此在未来达成共识和突破关系瓶颈。

32/

在伴侣情绪低落时支持他的三种方法

伴侣情绪低落通常是他心灵求助的信号，指责伴侣敏感或小题大做，武断地给出指导意见，或者无视与回避，都只会让情况变得更糟。

情绪调节是一项非常重要的爱的能力，在伴侣情绪低落时能够以这三种方法支持他，将极大地提升这段关系的满意度。

方法一：重视。其实大部分的情绪低落缘于伴侣心灵能量较低，如果能向他表达你对他的重视，以及他的生命状态对你的重要性，本身这种关注和重视就足以帮助伴侣走出低能量的困境。这时你可以说：亲爱的，我察觉到你的状态不太好，我能为你做些什么？

方法二：聆听。伴侣之间一个重要的心灵支持手段就是成为彼此的心灵树洞。即使你能够马上给予伴侣帮助或给出具体的意见，他倾诉和被聆听的强烈需求依然存在。这时你可以说：亲爱的，我察觉到你的状态不太好，你愿意和我聊聊发生了什么吗？

方法三：幽默或同理心。想象一下在我们情绪低落的时候，有一个内心强大、乐观且幽默的伴侣，用一个玩笑把我们逗笑，这是多么值得感恩的事情。我们会泪中带笑，心想有他在身边真好。或者也可以给予对方同理心，对他说：亲爱的，我知道这件事很不容易，你的回应方式真的已经很了不起了。

33

我们需要对伴侣的情绪负责吗？
一个重要原则

一位小伙伴非常苦恼，原因是无论他如何努力，伴侣依然闷闷不乐。在工作坊中他问了这样一个问题：我需要对伴侣的情绪负责吗？大家是否也遭遇过相似的挑战，也有着相同的疑问呢？

其实伴侣情绪不佳有着非常多元的因素。比如，遭遇过创伤事件，长期处于负面的情绪当中；或者因为当下的生活压力，短暂处于情绪能量报警的状态；再或者因为内在需求长期未被满足而抑郁、焦虑和不安等；当然也有可能是我们给对方造成了伤害，或在过往亲密关系中累积的负面情绪等。

无论是哪种原因，在应对负面情绪时都有一个重要的原则：对自己的情绪承担无限责任，对他人的情绪承担有限责任。

在这位小伙伴的案例中，我们发现他的伴侣不仅在这段关系中闷闷不乐，而且由于童年创伤和缺爱的影响，长期处于一种痛苦和不满的状态。所以她不断通过闷闷不乐向伴侣求救，暗示伴侣给予她更多的爱。然而，如果她无法有意识地疗愈内在的创伤，重获自爱的能力，无论伴侣如何努力，最多也只能给她暂时的安慰，而无法彻底帮助她走出心灵困境。

另一方面，我们也发现这位小伙伴从小就生活在父母情绪糟糕的环境中，出于对父母的爱，他过度地承担了父母糟糕情绪状态的责任，认为一定是自己不好，一定是自己做错了什么，陷入想尽一切办法让父母和伴侣开心起来的执念中。

他人只能提供外在的情绪安抚，而只有我们自己才能从内在彻底疗愈我们的情绪。

34

伴侣发脾气或者愤怒通常分四种，
两种可以忍，两种不该忍

很多时候，我们对如何处理伴侣的情绪束手无策，而且经常处于要么全盘接受、要么全盘拒绝的两个极端，很难把握一个健康的平衡。这个内容的灵感来自一个个案中的小伙伴在面对伴侣发脾气的时候，不断忍让、妥协、讨好伴侣和压抑自己，以为这样能够换来伴侣的善待和改变，却未能如愿的经历。

在亲密关系中，伴侣发脾气或者愤怒通常分为四种情况，两种情况下我们可以忍让，而另外两种情况下我们不应该忍让。

两种可以忍让的愤怒：防御性的愤怒和偶发性的愤怒。防御性的愤怒是指当一个人受到打扰、侵犯或攻击时所作出的防御性的情绪反应。比如，不经意间说出伤害伴侣的话或承诺伴侣一件事却未能做到等。偶发性的愤怒是指一个人在极度的压力和挑战下，或者面对社会中的不公正现象所作出的情绪反应。比如，伴侣在焦头烂额地处理一些事情，而我们又向他提出更多的要求等。在这两种情况下，我们应该理解和关照伴侣的情绪，停止对他的侵犯，支持他缓解压力，走出愤怒。

两种不该忍让的愤怒：侵略性的愤怒和习惯性的愤怒。侵略性的愤怒是指一个人以愤怒为操控和恐吓他人的手段，进而侵犯和索取他人，以达到自己的目的，满足自己的需求和欲望的行为。比如，一些伴侣擅长通过发脾气向对方施压以满足自己。习惯性的愤怒是指一个人因为过往的心灵创伤形成了恐惧和不安的内在状态，从而无意识地发展出用愤怒保护自己的生命模式。比如，一些伴侣会因日常鸡毛蒜皮的小事而大发雷霆、大动干戈，这是他们的心灵创伤所导致的习惯性应激行为。在这两种情况下，我们需要温柔而坚定地设定与伴侣相处的原则和边界，并能有意识地提醒或支持伴侣开启内在疗愈和成长，而不是一味地妥协和退让，否则会助长伴侣错误的行为模式，让伴侣在受苦的道路上越走越远。

35/

如何与负面的人相处？
超有用且很重要的三个原则

和负面的人相处，其实特别考验我们爱的能力。这里的爱的能力并不是指我们要怎样爱这些负面的人，而是如何在与他们相处中，运用爱的能力保持自己的正向状态，或者至少不被负向的能量带走。下面是一个非常重要的原则，能够帮助大家更好地应对负面的人和事。

第一个原则：不需要圣母心，顺其自然、量力而为地帮助负面的人。负面的人，特别是长期处于负面状态的人，其实面对的已经不仅仅是心理层面的问题，而是长期在不健康的环境下形成的一种身心结合的生命模式。单方面的外在支持并不能帮助他走出这种模式，而更需要他发自内心从受苦中觉醒，下定决心超越这种模式。很多时候，深刻的痛苦比浅薄的支持更能帮助他觉醒和离苦得乐。所以，顺其自然、量力而为地帮助他就好。

第二个原则：清晰地告诉对方，你的边界在哪里。因为对方非常有可能不知道自己的边界在哪里，或者是因为长期遭遇侵犯而没有边界意识。他会认为这种情况对你来说也是正常的。相处中，他会无边界地或者无意识地以曾经别人对待他的方式对待你。这个时候，清楚地告诉对方你的边界在哪里，对自己是一种尊重和保护，对他也是一种善意的唤醒和教育。

第三个原则：无论对方说什么，都别往心里去，更别认为那是针对你的人身攻击。负面的人其实并不了解你，在看待事情的时候，更多的是以他过往糟糕的生命经验来做预测和下判断。在这种情况下，被误解、被以小人之心度君子之腹，甚至被恶语中伤，就非常普遍。所以，别往心里去，那是他内在痛苦的外部投射。

帮助我们的伴侣"开心"，
而不仅仅让他 "快乐"

帮助我们的伴侣"开心"，而不仅仅让他 "快乐"，这是一种非常重要的爱的智慧。

开心和快乐完全不是一回事：开心代表着敞开心扉，持续喜悦，并能健康地接受爱和付出爱；而快乐意味着内在底层是不开心的，虽然快速地那么一乐，但很快又回到悲伤、恐惧和愤怒的状态中。

在大部分的亲密关系中，很多人耗费了大量的精力，努力地去爱自己的伴侣，无论是送礼物、吃大餐、各式约会、旅行，还是事无巨细地照顾伴侣，千方百计地满足伴侣，这些行动和付出都只能带给他短暂的快乐，却无法让他持续地开心。当快乐的气息退去，不开心的心灵底色重登舞台，伴侣的生命状态又重新让我们陷入焦虑和挫败中。真的不是我们不够努力，而是我们爱的方式需要改进。

开心是一种内在底层的情绪状态，它由过往长期而深远的生命经验，特别是孩童时期的生命经验所决定的。伤痛和恐惧的事件会根本性地影响甚至破坏这种底层的情绪状态，相当于他被关进了开心不起来的心灵囚牢。这种底层的生命状态不是今时今日我们仅从外在给他短暂的美好体验就可以改变的，而是需要我们带着慈悲、勇气、智慧和力量，走进他的世界，鼓励和帮助他通过由内而外的疗愈和成长走出心灵囚牢，重回开心的状态。

试想，若两个人一起走过这样一段非凡的心灵旅程，我们的亲密关系又会是怎样的呢？我们之间的爱又会是怎样的呢？

37

如果希望伴侣处于爱的状态，
请至少停止四种攻击行为

我们都希望伴侣处于爱的状态，这意味着伴侣能够爱我们，我们和伴侣以非常融洽的方式相处，在我们需要支持和帮助的时候，伴侣也能够凭借爱的能力赋能我们。

然而除了少数生命发展程度非常高，内在非常健康、稳定且有力量的伴侣极少受到外界的影响，维持稳定的爱的状态之外，大部分伴侣的爱的状态是需要双方相互激发、相互培养的。

如果希望伴侣处于爱的状态，而不是恐惧的、崩溃的、愤怒的状态，请至少停止四种攻击行为，开启四种赋能行为。虽然道理如此简单，但很多小伙伴依然深陷错误的模式中，难以自拔。

一、如果希望伴侣处于爱的状态，请至少停止批评，开启沟通。批评是一种语言攻击、情绪发泄，甚至人身攻击；而沟通意味着让伴侣知道我们对某些行为有异议和不满，通过健康的沟通，寻找更好的解决方案。

二、如果希望伴侣处于爱的状态，请至少停止蔑视，开启尊重。蔑视的行为包括翻白眼、嘲笑、辱骂、敌意和讽刺；而尊重让伴侣觉得自己是有价值的，提升伴侣的自信和自尊，可以帮助伴侣去到更高版本的生命状态。

三、如果希望伴侣处于爱的状态，请至少停止推卸责任，开启承担责任。亲密关系中的所有问题，都是双向的，是由两个人共同创造的。一味地把责任推卸给对方，只会让对方感到委屈和愤怒；而勇敢地承担责任会激发伴侣自我反思，并能与我们合作，共同解决问题。

四、如果希望伴侣处于爱的状态，请至少停止冷暴力，开启健康的暂停。冷漠或冷战，特别是持续性的冷漠或冷战，会让伴侣陷入愤怒与绝望；而健康的暂停，是等彼此情绪稳定后，能够重新回到彼此面前，重新展开讨论和积极的修复与共建。

总之，如果希望伴侣处于爱的状态，请至少停止批评、蔑视、推卸责任和冷暴力，开启沟通、尊重、承担责任和健康的暂停。

父母如果真的爱孩子，请务必好好相爱

无论父母有多么爱孩子，如果他们之间无法好好相爱，孩子的身心发展都会遭遇重大挑战。

一些父母彼此之间的情感失联后，会把过度的情感关注和情感需求施加给孩子，孩子要么被溺爱、被过度保护，要么被要求成为父母的情感照顾者。这些都会在孩子未来的生命发展中形成阻碍。被溺爱的孩子，不知道如何去爱别人；被过度保护的孩子，缺乏突破自己的勇气；而过早成为父母情感照顾者的孩子，要么在亲密关系中敏感、焦虑和讨好，要么干脆回避亲密关系以避免继续扮演情感照顾者的角色。

父母之间的爱是健康养育环境中最重要的元素之一，它给予孩子存在感、安全感和归属感三个最基础的心灵品质。这是任何单方面的爱或者物质所无法替代的。长期处于矛盾中的父母，会把孩子的心灵世界彻底撕碎，这些孩子就像在战争中幸存的孤儿；情感隔离或不知道如何爱彼此的父母，会给予孩子负面的和糟糕的亲密关系教育，导致他们成年后无法或不知道如何与他人恋爱。

在一些案例中，我们甚至发现在成年人的潜意识中存在因为父母不幸福而不允许自己幸福的信念和模式。

所以，亲爱的父母们，你们和伴侣之间健康的亲密关系，就是对孩子最好的养育和亲子教育。如果你们真的爱你们的孩子，请务必彼此好好相爱。

智慧的女性会这样对待伴侣的缺点

面对伴侣的缺点，大部分人会紧紧抓住这个缺点穷追猛打，誓要把它消灭在萌芽之中。然而，这恰恰是最糟糕的处理方法，结果也通常事与愿违。

大家需要明白一个重要的心灵法则：我们的关注就是能量。我们关注什么，就会滋养什么、放大什么。

假设伴侣的这个缺点占据了他总体评分的百分之二十，而另外的百分之八十依然是好的。那么当我们把注意力聚焦在伴侣的缺点上，我们通常会发现，无论是我们对伴侣的认知，还是伴侣接下来的实际表现，不好的这百分之二十的比例会越变越大，增至百分之三十、百分之四十、百分之五十，而原来好的那百分之八十的比例会越变越小，退至百分之七十、百分之六十、百分之五十。

所以，智慧的女性不会用自己关注的能量去滋养和放大伴侣的缺点，而会更加关注和培养伴侣百分之八十好的部分。当伴侣的好的部分变得更大，他的生命得以发展，他的内在力量也会越来越强，自然会转化原来不好的百分之二十去往好的方向。试想，是一个更自信、更自尊的人更有意愿和能力改变和成长，还是一个更自卑、更自弃的人更有意愿和能力改变、成长呢？

很多女性关注和攻击伴侣的缺点，反而加剧了缺点的裂变；而智慧的女性关注和培养伴侣的优点，用爱帮助伴侣不断成长。

伴侣对你的伤害亦是对你的拯救

常常遇到小伙伴哭诉在感情世界里遇人不淑，列举对方给自己造成的种种伤害。有没有可能恰恰相反，对方用伤害把你推出让他无比受苦而你也无能为力的世界，从而拯救你呢？

很多人未能有机会理解和体会另一个人，特别是伴侣，他走过怎样的成长历程，每天正在承载和应对多大的内在受苦。一方面，他似乎无意识地把这些痛苦施加在你的身上；但另一方面，他又何尝不是在用这种方式，把你恐吓和赶出这段有毒的令人窒息的关系呢？如若不然，他只会像溺水的人一样，紧紧地抓住你，一步一步地把你也拉入更加受苦的深渊。

我们对父母和伴侣可能有着无尽的爱或依恋，加上分离的恐惧，让我们在和本就受苦的父母或伴侣的相处中，常常纠结、挣扎，维持着和他们的关系，就是不愿意放手。有的时候只有遗弃、虐待、攻击和伤害，才能倒逼我们离开悲惨的原生家庭，切断错误的亲密关系，勇敢踏上自我成长、活出幸福的旅程。

有一天，回望一路走来的生命历程，你会对用爱向上托举你的人，以及用伤痛推开你的人类同伴都充满感恩和祝福。

41

分手困难的七个原因，
恰恰也是重获新生的七个启示

每一次分手，都是一次涅槃重生的重大契机。分手困难的七个原因，恰恰也是重获新生的七个启示。

第一个原因和启示：身心的成瘾。对于长期缺爱、生命能量较低的人来说，分手意味着失去伴侣提供的精神能量，这是一个巨大的身心挑战，相当于要面对一次情感和身体上的戒瘾。这个过程中，情绪的充分释放和寻求心灵支持特别重要。

第二个原因和启示：牢固的依恋。我们常常在情感上与伴侣建立起了一种类似于对父母的依恋关系。这是一种难以割舍的牢固联系。但如果这种依恋是一段充满贬低、侮辱、虐待与操控的有毒关系，我们需要勇敢走出这段关系。

第三个原因和启示：价值感崩塌。很多自我价值感低的人会特别绝望地认为分手后再也找不到其他人了，或者永远不值得拥有健康的关系。但是，当有一天我们的自我价值感提升了，成为更好的人，我们真的会享受这样一种低端的关系吗？

第四个原因和启示：安全感崩塌。一段关系就是我们为自己建立的一个心灵生态系统，分手意味着这个心灵生态系统崩塌了，安全感也崩塌了。对未来的迷茫和焦虑、对孤独和分离的恐惧，都会让我们紧紧抓住这段关系不愿放手。但很多时候，恰恰只有走出了安全区，我们才会遇见更好的自己。

第五个原因和启示：生活上的依赖。在生活上和经济上对伴侣的依赖也是分手困难的一个重要原因。我们会因为害怕失去物质支持而很难结束这段关系。但如果我们并不享受这种寄人篱下的生活，我们需要勇敢地成长，带领自己走向自我的独立与成熟。

第六个原因和启示：内疚和社会压力。我们可能会担心伤害伴侣的感情而感到内疚，或者害怕违背周围人的意愿和破坏曾经的人设而难以分手。但是内疚和社会压力都不是发展一段亲密关系的健康动力。这个时候，我们特别需要对自己坦诚，妥协和欺瞒反而是对自己和伴侣最大的伤害。

第七个原因和启示：对未来的幻想。很多小伙伴还会因为对伴侣、对未来充满不切实际的幻想而不愿放手。然而我们真的懂得什么是爱、如何去爱，以及发展持续的亲密关系吗？这是一种需要学习和培养的生活能力。缺乏成长，期待和伴侣恢复最初的状态，也只能是一种幻想。

42

每一次情感破裂都蕴藏着
三份生命礼物

一位小伙伴几个月前因为分手来找我咨询。在经过了一段时间的疗愈和成长后，他打开了分离背后的礼物，成为一个更加幸福的人。他非但没有记恨前任，反而在最近的一次工作坊中，深深地感恩那个曾经抛弃了他的人。

情感破裂是一个重要的生命事件，通常会引发人生的巨大变化。但每一次情感破裂，通常都蕴藏着三份宝贵的生命礼物。

第一份礼物：我们开始走向成熟和独立，拥有爱自己、爱他人的能力。当有人可以依赖的时候，我们还是更习惯于依赖别人，继续去做情感中或生活中的小朋友；或者会以牺牲自己的成长为代价，化身为被对方占有或支配的角色。无论哪种情况，情感破裂都会重新激活我们的成长模式，让我们走向成熟与独立。

第二份礼物：我们开始反思、面对和疗愈内在的受害模式或破坏模式。很多时候，我们会自以为是地、执迷不悟地认为，自己没有问题，都是别人的问题；或者无法意识到，其实是我们自己在无意识地、习惯性地把一切破坏掉。而一次痛彻心扉的分离，有可能唤醒我们走出受苦模式或破坏模式。

第三份礼物：不合适的人，甚至是有害的人自然脱离了我们的生活。很多小伙伴会深深地感叹：感谢曾经他的不娶之恩或者分手之恩。因为这些小伙伴通常非常善良，又容易对他人产生依赖，所以很难勇敢地和不合适的人分开。而不合适的或有毒的人对我们最大的慈悲和恩惠，就是离开了我们或者和我们一刀两断。

43

三种情况下，离婚可能是伴侣做出的最有爱的行为

婚姻固然是神圣和美好的，它孕育新的生命，激发伴侣的成长，实现长期的人生目标。但在这三种情况下，离婚可能是整个婚姻中伴侣做出的最有爱的行为。

第一种情况：假性婚姻。假性婚姻是指缺乏心灵层面的联结，相爱行为呈现表面形式化，伴侣彼此缺乏理解，没有归属感，一方不作为或双方都躺平，只是为了某种外部因素而勉强维持的婚姻关系。

第二种情况：功能失调的婚姻。功能失调的婚姻是指无法实现开头所说的孕育新的生命、激发伴侣的成长等正向目标，持续消耗彼此能量，压抑彼此需求，无法满足双方幸福需求的婚姻关系。

第三种情况：毒性婚姻。毒性婚姻充满了不安全感，一方或双方以自我为中心，支配、控制伴侣，伴侣担心自己的安全，会普遍出现嫉妒、虐待、控制、占有、贬低、打压、怨恨、攻击、欺骗、遗弃、剥削、物化和玩弄伴侣以及暧昧、出轨和变态性

需求等行为。

很多人其实意识到了这种困境，却会因为孩子、财务、名誉、创伤性依赖、无助、自卑等各种原因而继续维持婚姻。但我们需要明白其背后的代价其实是巨大的。任何一方如果能够勇敢地打破这个局面，也许是他在整个婚姻中对自己、伴侣和孩子所做的最有爱的行为以及对自己、伴侣和孩子的生命成长最有益的决定。

44

如何有爱地结束一段关系?
五个爱的非凡智慧

在一些情况下，能够勇敢地、有爱地结束一段关系，可能是这段关系中最有爱的行为，也是这段关系从失败关系到非凡关系的升华。五个爱的非凡智慧，揭示什么是爱的分离。

第一个爱的智慧：不是白头偕老的关系才是成功的关系。如果我们和伴侣各自在关系中都有所收获、有所成长，这已经是一段成功的关系了。就像我们升学了，要告别原来学校的同桌一样。

第二个爱的智慧：结束不健康的亲密关系。很多不健康的亲密关系，像极了我们与父母之间痛苦却无法切断的关系。那个时候，我们弱小而无助，无法正确地处理那段关系，但现在我们已经足够强大，可以做出正确的选择。

第三个爱的智慧：退出先天基因不良的亲密关系。有一些亲密关系最初就是因为焦虑、恐惧、压力、自欺欺人和短视的目标而生发的。就像先天基因不良的种子无法出种植出健康的、有生命力的果实一样，先天基因不良的亲密关系也无法持续发展。

第四个爱的智慧：在关系破裂中获得觉醒。很多人喜欢贬低伴侣或者把关系破裂的所有责任都推卸给伴侣，以此让自己感到自己是好的、正确的、正义的。这也许能缓解短暂的痛苦，却失去了在爱中觉醒的机会。

第五个爱的智慧：不要因为分离而认为这段关系是失败的，进而全盘否定自己、伴侣或者整个关系。分离是事实，爱也是事实。承认、尊重和感念彼此曾经的爱，带着这份爱勇敢前行。

我们见证过因为自己的恐惧、依赖、需求和欲望而紧紧抓住对方的关系，也见证过因为真正地爱自己、爱对方，觉醒后开启成长，因爱想要成全伴侣的关系。没有有爱却失败的关系，只有没有爱且失败的关系。

爱的觉醒

45

愿有一天我们回头望去，
没有仇人，皆是助缘

　　我们既见证过以爱的名义捆绑住对方，阻碍两个人生命发展的亲密关系，也见证过以爱的名义勇敢放手，让自己和对方都有机会获得生命中更进一步的亲密关系。很多人认为的爱，并不是爱；很多人受的伤，也并不是伤。

　　人们常说：时间可以疗愈一切。但真正能够让我们超越这一切的，是我们实实在在的生命成长。让我们释怀的也并不是时间，而是我们走过对方走过的路的那份理解，以及我们在成为更好的自己之后的那份恍然大悟和深深的感恩。

　　相聚是缘，分离是缘。那些曾经伤我们最深的人，恰恰是激发我们跳出过去的受苦模式，迎来最大生命成长的人。愿有一天我们回头望去，没有仇人，皆是助缘。